스토리셀링

START WITH STORY

Copyright © Lyn Graft 2019

All rights reserved.

START WITH WITH

스토리를
돈으로 바꾸는 방법

스토리셀링

STORY

린 그래프트 지음 | 이희령 옮김

포레스트북스

내 인생의 북극성이자 내가 아는 최고의 스토리텔러인
나의 어머니 에바 그래프트에게.
이 세상에서 가장 멋진 나의 누이들, 신디, 린디, 민디, 윈디에게.
다리가 네 개인 나의 절친, 피티 지에게.
너는 개에 관한 틀을 깨는 최고의 반려견이야.
다리가 두 개인 나의 절친, 잉그리드 벤더벨트에게.
항상 거기 있어줘서 고마워.

그리고 나를 믿어준 모든 사람들에게. 당신이 최고입니다. #TrueStory

차례

제1장. 사실보다 강력한 이야기의 힘

제2장. 이야기란 무엇인가

제3장. 매력적인 이야기는 어떻게 만들어지는가

나는 피곤했고 좌절감을 느꼈고 다음에 무슨 일을 해야 할지 모르는 혼란스러운 상태였다. 텍사스 오스틴 대학에서 MBA를 마치고 2년이 지났을 때, 나는 가장 친한 친구와 첫 번째 스타트업으로 IT 회사를 창업했다. 창업한 지 몇 개월이 지나 최초 외부 투자를 위해 엔젤 투자자들과 만날 준비를 하는 중이었다.

우리는 몇 개월간 사업계획과 피치 덱pitch deck(스타트업 등이 투자자들에게 제공하는 15페이지 내외의 발표 자료-옮긴이) 작업을 하고 있었다. 그동안 수많은 업데이트와 수많은 수정을 했지만 자문을 주던 사람들은 여전히 무수히 많은 잘못을 지적했다. 친구와 나는 완전히 길을 잃은 느낌이었다. 월요일 저녁 오스틴 시의 소프트웨어 의회가 개최하는 세미나에 스타트업의 모든 것을 알려줄 초대 연사가 온다는 소식을 기억해낸 것은 그날 늦은 오후가 되어서였다. 나는 여전히 자료를 다듬는 중이었고 할 일이 너무 많았기 때문에 사실 세미나 같은 건 신경 쓰고 싶지 않았다. 우리 스타트업만으로도 할 일이 태산인데 누군가가 자기 회사에 대해 불평하는 소리까지 듣고 있을 시간이 없었다.

하지만 계속된 어려움으로 완전히 진이 빠진 나는 휴식이 간절했고, 잠깐이라도 컴퓨터에서 떨어져 있어야겠다고 생각했다. 그렇게 뒤늦게 세미나장에 도착했을 때, 강당은 이미 사람들로 빼곡했다. 나는 초대 연사가 중요한 사람일 거라고 추측만 했을 뿐 그가 누군지도 몰랐고 심지어 그가 연단에 올라올 때까지도 그를 알아볼 수 없었다.

그는 더플백을 들고 연단 위로 올라와 가방 안에 넣어둔 한 세트의 티셔츠들을 이용해 자신의 이야기를 하고 싶다는 말로 연설을 시작했다. 그러더니 가방에 손을 뻗어 회사 로고가 그려진 티셔츠 하나를 끄집어냈다. 모든 사람이 로고를 볼 수 있도록 티셔츠를 들고 그는 이렇게 말했다. "이 회사가 제가 설립한 첫 번째 회사였습니다."

그 회사의 이름과 로고는 듣도 보도 못한 것이었다. "아이디어는 괜찮았죠." 그가 말했다. "하지만 기술적으로 절대 실현할 수가 없었습니다." 그는 셔츠를 내려놓고 더플백에 손을 뻗어 다른 셔츠를 꺼냈다. 이번 것 역시 전혀 알아볼 수 없었다. "이 회사도 아이디어는 좋았죠. 게다가 우리는 그 아이디어를 기술적으로 실현했습니다. 하지만 사람들이 좋아할 만한 제품으로 만들 수가 없었죠. 그래서 이 회사도 실패했습니다." 그는 그 셔츠를 집어넣고 또 다른 셔츠를 꺼냈다. "이건 우리의 세 번째 회사였습니다. 아이디어도 멋졌고 기술도 멋졌죠. 작동하는 제품으로 만들었지만 아무도 사려 하지 않았습니다. 끔찍하게 절망적인 상황이었죠." 그는 머리를 저으며 셔츠를 집어넣었고 네 번째 셔츠를 꺼냈다. "이 회사는 멋진 아이디어와 멋진 기술, 멋진 제품을 보유했었죠. 판매도 시작했지만 핵심 파트너가 그 제품을 계속 팔고 싶어 하지 않았습니다. 그래서 결국 문을 닫아야 했죠."

그는 그 셔츠를 가방에 집어넣었고 그 시점에 난 이렇게 생각했다. "이 사람은 실패를 여러 번 했고 그 실패들을 자신 있게 공유하는군. 특별한 사람임이 틀림없어." 그는 계속해서 자신의 실패 사례를 공유했다. 내 기억으로 그것은 또 다른 훌륭한 아이디어, 훌륭한 회사, 훌륭한 팀, 엄청난 기술, 제품, 시장 기회였지만 그저 타이밍이 맞지 않았다고 했다. 그들은 투자자들의 자금 수백만 달러를 공중으로 날려버렸다. 이때쯤 되자 나는 궁금해 미칠 지경이 되었다. "대체 저 사람은 누구지?"

마침내 그가 마지막 티셔츠를 꺼내 들었다. 셔츠의 뒤가 보이게 들어 회사 이름은 감춘 상태였다. 그런 다음 그는 말했다. "이 회사는 멋진 회사였습니다. 아이디어와 기술, 시장 기회, 창업

팀 모두 훌륭했죠. 그리고 지난번 우리의 망한 회사에 돈을 댔던 그 투자자들 말이죠, 그들이 우리에게 또 돈을 댔습니다."

이윽고 그는 셔츠를 앞으로 돌렸고, 앞면에는 큰 글자로 'AOL'이라고 적혀 있었다. AOL, 즉 아메리카온라인 주식회사 America Online Inc.는 1990년에 널리 알려졌던 가장 성공적인 웹 브랜드였고, 인터넷의 초기 개척자였다. 그날 밤 무대에 서 있던 남자는 초기 창업자들 중 한 명인 마크 셰리프 Marc Seriff였다.

그날 밤 나는 피치 덱과 사업계획을 완성하겠다는 열의와 낙관주의로 가득 차서 집으로 돌아왔다. 그리고 그 노력은 보람으로 돌아왔다. 몇 주 동안 우리는 시드 투자로 10만 달러를 확보했다. 내가 창업한 회사는 계속해서 부침을 겪었지만 그날 밤 들었던 마크 셰리프의 이야기와 그것이 나에게 준 영감은 두고두고 내게 큰 힘이 됐다.

최근 나는 셰리프를 만난 자리에서 그날 밤 그의 이야기가 어떻게 나에게 영감을 줬는지에 대해 말해주었다. 그는 겸손한 태도로 감사를 표했다. 비록 그 이야기의 세부 사항까지는 다 기억나지 않아도 그가 말한 내용에 담긴 정신과 끈기, 결의의 메시지는 한결같았다. 수년이 지난 지금도 나는 여전히 더플백과 티셔츠를 들고 무대에 서 있던 마크 셰리프를 그릴 수 있다. 내가 무엇을 느꼈고 무엇을 봤고 그것이 어떻게 나에게 동기를 부여했는지 정확하게 기억한다. 당시에는 알지 못했지만 그때의 경험은 내 안에 '기업가 스토리텔링'이라는 씨앗을 심어주었고 이는 곧 이야기가 얼마나 강력해질 수 있는지 배우게 될 힘이 었다.

🗨 이야기는 당신의 가장 큰 무기다

회사를 운영하는 것은 당신이 시도할 수 있는 일 중에서 가장 보람되고 충족감을 주는 일일 것이다. 회사 이름부터 문화, 만들고 싶은 제품이나 제공하고 싶은 서비스까지 모든 의사결정이 당신에게서 시작된다. '창업가'라고 불릴 때 느껴지는 것만큼 그런 개인적인 자부심과 내적 존중감을 주는 일은 그 어디에도 없다.

하지만 동시에 회사 창업보다 당신의 모든 것을 소진시키는 일도 거의 없다. 때로는 마치 외딴 섬에 놓인 듯 의지할 사람 하나 없이 모든 일에 책임을 지며 회사를 운영해야 한다. 당신의 아이디어를 응원하는 사람은 당신밖에 없다. 아무도 당신의 사업에 대해 들어본 적 없고, 당신이 누구인지 혹은 당신의 제품이 어떤 특징을 가졌는지 알지 못한다. 자원은 거의 없는 상태로 당신보다 높은 체급의 상대를 향해 끊임없이 펀치를 날리면서 길이 끊어진 활주로 위를 달리고 있는 형국이다.

그래서 스타트업으로서 경쟁을 하려면 운동장을 평평하게 만들어줄 뭔가가 필요하다. 시간이나 장소, 환경, 자원에 상관없이 경쟁을 할 수 있게 해주는 그 무언가 말이다. 당신의 스타트업보다 100배나 더 큰 시장의 골리앗들을 상대할 이점을 제공해줄 설득과 영향력의 도구가 필요하다.

그 도구는 '당신의 스토리'다.

마크 셰리프의 이야기를 들은 지 20년이 지났지만 그때의 교훈은 나에게 그대로 남아 있다. 이렇듯 위대한 스토리는 모든 것을 바꾼다. 설득력 있는 스토리에는 행동을 촉발하고, 산업을 파괴하고, 거인들을 넘어뜨릴 수 있는 힘이 있다. 설득력 있는 스토리는 제국을 건설하고, 전설을 만들고, 역사를 다시 쓸 수도 있다. 거의 모든 성공적인 기업가들은 '자신만의 이야기'로 회사를 시작했다. 그리고 산업 분야나 연령, 자원에 상관없이 창업자라면 누구나 위대한 스토리를 창조할 수 있다. 스토리에 투자를 더 많이 할수록, 목표 달성에 필요한 더 많은 도움을 받을 수 있다. 실제로 기업가가 창업 스토리를 만들고 전달하는 능력과 성공 사이에는 직접적인 상관관계가 존재한다.

탐스TOMS의 창업자인 블레이크 마이코스키Blake Mycoskie는 이 사실을 잘 알고 있었다. 어느 날 마이코스키는 공항에서 탐스 신발을 신고 있는 여성을 보게 됐다. 자신이 누구인지 밝히지 않은 채, 그는 그녀에게 말을 걸었다. "당신 신발이 정말 마음에 드는군요." 그러자 그 여성은 그를 향해 돌아서더니 이렇게 말했다. "오, 이 신발은 정말 대단하죠. 이 신발을 파는 회사는 아주 끝내준답니다. 누가 한 켤레를 사면, 어려운 환경에 처한 다른 나라의 어린이가 똑같은 신발 한 켤레를 받는다는군요. 정말 대단하죠."

마이코스키는 회심의 미소를 지으며 말했다. "그것 참 정말 대단하네요." 그러고는 그 자리를 떠나 걸어가기 시작했다. 그러자 여성은 그의 어깨를 향해 손을 뻗치더니 그를 붙잡고 감정을 더 많이 실어 더 큰 목소리로 다시 한 번 말했다. "이봐요, 아직 이해를 잘 못한 모양이군요. 사람들이 신발 한 켤레를 살 때마다 어려운 환경에 있는 어린이가, 어려운 상황에 처한 사람이 무료로 신발 한 켤레를 받는다니까요. 정말 엄청난 일이라고요."

그녀가 그 아이디어에 대해 너무나 열정적이었기 때문에 마이코스키는 그날 특별하게 강력한 뭔가를 깨달았다. 그가 팔고 있는 제품, 그것은 신발이 아닌 바로 '이야기'였던 것이다. 그리고 그 이야기 때문에 그의 고객들은 브랜드의 전도사가 됐던 것이다. 일단 고객이 블레이크 마이코스키의 아이디어, 즉 내가 신발 한 켤레를 살 때마다 다른 나라의 빈곤한 누군가가 신발 한 켤레를 얻는다는 아이디어를 이해하기만 한다면, 그들은 영원히 그 스토리에서 빠져나오지 못하게 될 것이다.

이것이 스토리가 가진 진정한 힘이다. 스토리는 당신과 상대방 사이에 헤아릴 수 없이 깊은 공감을 가져다준다. 그리고 공감이야말로 당신이 공유할 수 있는 어떤 사실이나 수치보다 더 큰 효과를 발휘하는 마법 같은 도구다. 스토리는 우리를 연결함과 동시에 우리의 독특함을 조명함으로써 서로를 구별시켜주는 그런 역할을 한다.

💬 모든 것을 바꾸는 스토리의 힘

내가 설립한 영상 제작 회사 '기업가를 위한 스토리텔링Storytelling for Entrepreneurs, S4E'은 전 세계 기업가들의 이야기를 영상으로 만들어 공유하는 일을 한다. 블레이크 마이코스키 같은 기업가들의 영상을 만들며 지난 15년을 보낸 기업가로서, 나는 스토리가 얼마나 강력한 힘을 가지는지 직접 경험해봐서 안다. 우리는 창업자들은 물론, TV 방송사, 잡지, 기업들을 위해 영상을 제작하고 있는데 스타벅스Starbucks와 홀푸드Whole Foods, 링크드인LinkedIn,

폴 미첼 시스템스Paul Mitchell Systems, 드롭박스Dropbox, 자포스Zappos, 더낫The Knot을 포함해 500명이 넘는 전 세계 최고 기업가들의 영상을 제작하면서 최고 중의 최고들과 함께했다는 점에서 나는 운이 좋았다.

하지만 나 역시 한때는 아이디어를 세상에 내놓고 그 아이디어를 바탕으로 투자를 받기 위해 고군분투하던 창업자 중 한 명이었다. 나는 다양한 창업의 길을 걸어왔다. 하이테크 스타트업부터 전자상거래, 비영리기관, 영상 제작 회사까지 모든 분야에 손을 대봤다. 그러니 나를 '뼛속까지 기업가'라고 불러도 무방할 것이다. 그 과정에서 수십 개의 미디어 매체들과 수백 명의 투자자, 수천 명의 잠재고객들에게 무수히 많은 거절을 당했다. 여덟 개의 회사와 기관을 설립했고 몇 번은 무너지고 몇 번은 비참하게 사라졌지만 운이 좋았던 경우도 있었다.

그 수많은 좌절에도 불구하고 나는 다시 일어났다. 그리고 내가 의식을 했건 아니건 나를 살린 건 '스토리'였다. 이야기 덕분에 《월 스트리트 저널Wall Street Journal》과 《뉴욕 타임스New York Times》에 내 스타트업에 관한 기사가 실렸고, 벤처캐피탈 회사에서 1,000만 달러의 투자를 받았으며 지난 20년간 매년 수백만 달러의 매출을 달성할 수 있었다. 창업가로서의 여정 그리고 최고 기업가들의 영상을 제작하면서 보낸 여정에서 나는 매우 심오한 뭔가를 발견했다.

바로 당신의 스토리가 곧 당신의 힘이라는 것이다.

당신이 깨닫고 있건 아니건 스토리는 기업가로서 당신이 하는 모든 일 속에 스며든다. 투자를 받고, 계약을 성사시키고, 사람을 채용하고 나아가 창업 파트너를 구하는 일까지 당신의 회사에 담긴 이야기는 사업의 모든 측면에 영향을 미친다. 스토리가 주는 기회와 그 어마어마한 힘을 깨닫게 되면서 나의 사명은 명확해졌다. 바로 다른 기업가들의 독특한 스토리를 발견하고 다른 사람의 성공을 위해 그 스토리를 활용할 수 있게 도와주자는 것이었다. 그렇게 이 책이 탄생했다. 나는 여러분과 같은 창업가들이 기업가 스토리텔링의 예술과 과학을 배울 수 있도록 나의 모든 경험과 지식을 전파하고자 했다.

이 책에서 여러분은 지구상에서 가장 성공한 기업가들이 창업을 하고 회사를 성장시키는 데 자신의 스토리를 어떻게 활용했는지 알게 될 것이다. 나는 여러분이 최고 중의 최고들에게 배울 수 있도록 드롭박스, 판도라Pandora, 스타벅스 창업자들의 사례를 공유하고자 했다. 또한 이야기 하나를 여러 부분으로 해체해 쉽게 이해하고 이를 활용할 수 있게 했다. 어떻게 상대방의 마음을 사로잡고 그들과 교감하는 이야기를 만들 수 있는지, 상대방이 당신에게 도움이 되는 행동을 취하도록 어떻게 동기를 부여할 수 있는지 그 방법을 알려줄 것이다.

기업가로서 당신은 당신 자신이나 당신의 사업이 그다지 흥미롭지 않다고 생각할 수도 있다. 하지만 나를 믿으라. 당신은 흥미롭다. 자기 회사를 창업했다는 사실은 그 자체로 멋진 일이다. 여기에 당신만의 특별한 스토리를 만드는 법을 배울 수 있다면, 어떤 상황에서든 당신에게 도움이 되도록 그 이야기를 활용할 수 있다.

💬 당신의 건물을 신전으로 만들어라

창업가로서 당신은 상상할 수 있는 모든 유형의 청중 앞에서 이야기를 하게 될 것이다. 이때 좋은 스토리는 스위스제 군용 칼과 같은 역할을 한다. 어떤 문제에서든 어떤 상황에서든 이를 사용할 수 있다는 얘기다. 당신은 회사가 유지되는 동안 사업의 모든 측면에서 이 이야기를 활용하게 될 것이다. 이야기는 당신에게 투자하게 만들고, 당신의 재능을 세계와 나눌 수 있게 해준다. 또한 이야기는 당신의 독특함을 경쟁우위로 바꿔놓을 수 있는 힘을 준다.

스토리는 기업가로서 당신이 가진 가장 위대한 도구 중 하나다. 그리고 모든 좋은 제품(서비스)이 사업적으로 성공할 수 있느냐는 위대한 스토리 하나에 달려 있다. 이 사실을 꼭 기억하라. 당신이 해야 할 일은 오로지 이야기를 창조하고 그 이야기가 당신을 위해 무엇을 할 수 있는지 지켜보는 것이다. 나이키^{Nike} 창업자인 필 나이트^{Phil Knight}는 언젠가 이렇게 말했다.

"어떤 건물이든 신전이 될 수 있다. 당신이 그렇게 만든다면."
(필 나이트는 젊은 시절의 그리스 여행에서 영감을 받아 나이키 본사의 모든 건물에 나이키의 이름을 빛낸 위대한 운동선수들의 이름을 붙였다 ─ 옮긴이)

바로 지금이 당신의 건물을 신전으로 만들어야 할 때다. 그렇게 하기 위한 첫 단계는 스토리에서부터 출발하는 것이다.

이제 시작해보자.

START
WITH
ST$RY

제1장

사실보다 강력한
이야기의 힘

스토리 즉, 이야기는 세상에서 가장 강력한 힘을 가진 것 중 하나다. 나아가 인류를 구성하는 하나의 요소이기도 하다. 인간이 땅 위를 걸어 다니기 시작했을 때부터 스토리텔링에 몰두해 왔다는 증거는 인류학자들의 여러 연구에서도 잘 드러난다. 지구상의 모든 문화와 사회에, 동굴 벽화와 양피 두루마리에, 그림과 종교에도 이야기가 들어 있다. 역사 그 자체도 이야기의 일종이 아니던가. 헤라클레스부터 아서 왕 이야기, 줄리어스 시저부터 플라톤, 그리고 아테나 여신부터 클레오파트라 이야기까지.

문자가 탄생하기 전에는 남녀노소 할 것 없이 즐거움을 위해, 그리고 노인들은 젊은이들에게 지혜를 전수하기 위해 불 앞에 둘러앉아 이야기를 나눴다. 스토리텔링이라는 행위는 인류가 부족을 보호하고 생존하기 위한 방법이었다. 이야기는 우리를 위험에서 지켜줬고 농사를 어떤 곳에 지어야 할지, 먹을 것과 마실 물을 어디서 발견할 수 있는지 알려줬다. 이야기는 하루 일과를 마친 부족민들이 모닥불 근처에 모이도록 만들어 공동체를 창조했다. 이처럼 이야기는 우리에게 에토스ethos(한 사회나 국가, 이념을 특징짓는 믿음이나 관습, 기풍 – 옮긴이)의 일부다. 당신이 어떤 사람이건, 민족이나 성별, 사회·경제적 배경에 상관없이 누구나 이야기를 접하기 때문이다.

💬 인간의 DNA에 각인된 '이야기'

탄생부터 죽음까지, 스토리텔링은 우리 삶의 모든 단계에 스며들어 있다고 해도 과언이 아니다. 아예 우리 DNA 자체에 이야기가 새겨져 있다고 해도 될 정도다. 우리가 아기일 때를 생각해보자. 언어를 이해하기도 전부터 우리는 부모님들에게 이야기를 듣는다. 자라면서는 우리가 받는 교육과 경험 속에 이야기가 단단히 자리 잡는다. 학교에도 교회에도 책과 TV쇼, 게임, 영화 속에도 항상 이야기가 있다. 『샬롯의 거미줄』부터 『모비딕』, 그리스 신화부터 「스타워즈」까지, 이야기는 우리가 즐거움을 찾는 방법이고, 학습을 하는 방법이고, 세상을 이해하는 방법이다.

개인적인 삶과 직업적 삶도 모든 측면에서 이야기와 엮여 있다. 다윗과 골리앗이나 씩씩한 꼬마 기관차(꼬마 기관차가 곤경에 처한 장난감 친구들을 돕기 위해 난생 처음이지만 용기를 내 산 너머 마을로 그들을 실어다 주는 데 성공한다는 내용의 동화 – 옮긴이)에 대한 이야기를 듣고 자라면서 우리는 키가 아무리 작아도 어떤 일이건 성취할 수 있다는 사실을 배우게 된다. 비즈니스의 세계에 입문하면 헨리 포드Henry Ford나 존 록펠러John Rockefeller, 메리 케이 애쉬Mary Kay Ash, 월트 디즈니Walt Disney 같은 유명 인사들에게서 그런 영감을 얻는다.

지난 수십 년 동안 기업가들은 우리가 읽고 싶어 하는 책 속의 전설적인 영웅이 됐다. 과거의 멋지고 상징적인 이야기들이 신화 속 인물 혹은 대통령과 장군들에게 초점을 뒀다면 오늘날 이야기들은 리처드 브랜슨Richard Branson이나 일론 머스크Elon Musk, 오프라 윈프리Oprah Winfrey, 마사 스튜어트Martha Stewart 같은 사람들에게 초점을 맞춘다. 우리는 위대한 기업가들의 이야기를 통해 사업의 성공에 대해 배운다. 그리고 그들이 주는 교훈과 그들이 택한 여정에서 영감을 받는다. 인간은 본능적으로 훌륭한 이야기를 받아들이고 거기에 끌리도록 되어 있기 때문이다.

본능적이라는 말은 '생물학적'이라는 표현으로 바꿔도 무방하지 않을까? 한마디로 우리는 생물학적으로도 이야기를 통해 삶을 '해석'하도록 만들어졌다는 소리다.

💬 이야기의 과학

이야기는 그저 잠자기 전에 읽어주는 동화, 학교 수업을 하기 위해 필요한 재료로 그치지 않는다. 그보다는 인산을 이해하기 위한 물리적·화학적 구성 요소의 일부분이라고 봐야 한다. 단지 DNA나 에토스의 일부일 뿐만 아니라 몸속에서 물리적인 반응을 일으키는 것이다.

이야기를 하는 행위는 우리가 숫자나 통계만을 말할 때보다 듣는 사람의 뇌에서 더 많은 부분을 활성화시켜 화자와 청중이 유대감을 느낄 가능성을 높인다. 어떤 '사실'을 들었을 때 우리 뇌에서 활성화되는 곳은 두 곳뿐이지만 흥미로운 '이야기'를 들을 때는 여섯 군데 내지 일곱 군데가 더 활성화된다.[1] 게다가 어떤 사실이나 수치를 그 자체로 기억하기보다 이야기 속에 담긴 정보로 받아들일 때, 우리가 이를 기억할 가능성은 여섯 배 더 높아진다.[2]

두뇌의 더 많은 부분이 활성화되면 즉, 화학물질이 많이 분비되면 우리를 흥분시키는 다른 활동을 할 때와 유사한 반응이 몸 안에서 일어난다. 이야기를 들을 때 뇌에서는 초콜릿을 먹을 때나 성관계를 할 때, 마약을 할 때 분비되는 것과 동일한 화학물질이 분비된다. 두뇌에서 생성돼 온몸으로 퍼지는 이런 화학물질 때문에 우리는 멋진 이야기를 들으면 기분이 좋아지고, 우울

한 이야기를 들으면 슬퍼지며, 누군가가 행복해하면 기뻐하는 것이다.

나는 이런 신경 화학물질들이 뇌에서 분비될 때 일어나는 현상을 좀 더 면밀히 이해하기 위해 신경경제학 연구센터Center for Neuroeconomics Studies 창립 이사이자 클레어몬트 대학원의 경제과학·심리·경영학과 교수인 폴 잭Paul Zak 박사와 대화를 나눴다. 신경과학자이기도 한 잭 박사는 사랑 호르몬이라고 불리며 사람들이 협력적인 행동을 하도록 동기를 부여하는 신경화학물질인 '옥시토신'의 효과를 발견하는 데 공헌했다고 알려져 있다. 그는 연구를 통해 옥시토신을 분비시키는 흥미로운 이야기들에 우리의 태도와 믿음, 행동에 영향을 미칠 수 있는 힘이 있음을 발견했다.

잭 박사는 이야기를 통해 사람들의 관심을 끌어 모으고 그들과 감정적인 유대감을 구축할 수 있는 이유가 바로 이런 신경화학물질들에서 비롯된다는 사실을 알려줬다. 흥미로운 이야기를 듣게 되면 각성 효과가 있는 신경화학물질인 부신피질자극호르몬ACTH이나 코르티솔 같은 여러 화학물질이 나와서 우리 뇌의 관심을 집중시킨다. 그런 다음에는 친절함이나 공감 같은 감정을 불러일으키는 옥시토신이 분비돼 일정 수준의 신뢰감을 구축한다는 것이다.

흥미로운 이야기를 들을 때 이런 화학물질들의 조합은 복합적인 효과를 일으켜 우리가 그 이야기에 주의를 기울이고 등장인물에게 동조하도록 만든다. 잭 박사는 이렇게 덧붙였다. "당신이 어떤 이야기에 감정적으로 몰입할 때, 뇌는 그 이야기에 담긴 감정을 공유하게 해주는 화학물질을 만들어냅니다."

당신이 책을 읽거나 영화를 볼 때 긴박한 장면에서 심장이 두근거리는 이유가 바로 이 때문이다. 이런 동일한 화학적 반응이, 당신이 왜 등장인물과 함께 슬퍼하고 또 함께 행복해하는지를 잘 설명해준다. 이성적으로는 우리가 읽거나 보는 것이 사실이 아님을 알고 있지만 여전히 우리는 그 이야기의 모든 측면을 '경험하고' 있다고 느낀다. 이것을 '거울 효과Mirror Effect'라고 부른다.[3] 당신이 사람들 앞에서 멋진 이야기를 들려줄 때도 이와 동일한 현상이 일어난다. 그들의 뇌가 당신의 뇌에서 일어나는 일을 모방하는 것이다.

프린스턴 대학의 유리 하손Uri Hasson 교수의 연구도 이런 현상을 정확하게 보여준다. 신경과학을 전공한 하손 교수는 이야기가 뇌에 미치는 영향을 연구해왔다. 그는 한 실험에서 어떤 여성에게 먼저 영어로 이야기를 하고, 뒤이어 같은 이야기를 러시아어로 하도록 요청했다. 그런 다음 그녀의 뇌와 피실험자인 청중들의 뇌를 모니터링했다. 청중들은 모두 영어만 이해할 뿐 러시아어는 모르는 사람들이었다. 여성이 영어로 이야기를 하자 청중들은 내용을 모두 이해했고 그들의 뇌는 화자인 여성의 뇌와 '동기화'되기 시작했다. 뇌에서 사고와 감정을 다루는 영역, 즉 섬엽insula(측두엽과 두정엽 아래 자리 잡고 있으며 몸의 감각 신호를 받아 감정, 의식, 판단, 결정을 하는 뇌의 여러 부위로 전달한다 - 옮긴이)과 전두엽 그리고 다른 다양한 영역에서 여성의 뇌가 보이는 패턴을 모방하기 시작한 것이다. 청중들이 이야기를 더 많이 이해할수록 서로의 뇌 패턴은 더 많이 일치했다.

그러나 영어로 말하기가 끝난 후 러시아어로 말하기 시작하자 상황은 달라졌다. 여성은 영어로 말할 때와 똑같이 감정을 담아 이야기를 전달했지만 그녀가 말하는 내용을 이해할 수 없었던 청중들의 뇌에서는 대응되는 활동이 전혀 나타나지 않았다. 이야기를 이해할 수 없었기 때문에 공감하지 못한 것이다. 공감할 수 없었기에 유대감도 형성되지 않았다. 뇌가 활성화되지 않았기 때문이다.[4] 이 연구가 드러내는 사실은 자명하다. 우리가 이야기를 통해 신체적인 반응을 일으킬 수 있다면, 이는 엄청난 힘을 발휘할 수 있다.

소설가 마야 안젤루Maya Angelou가 한 유명한 말이 있다. "사람들은 당신이 한 일이나 말은 기억하지 못할 수도 있다. 하지만 당신이 어떤 느낌을 갖게 만들었는지는 절대 잊지 않는다." 우리가 어떤 이야기에든 첨가할 수 있는 비법 양념이 바로 이것이다. 상대방에게 뭐라 표현할 수 없이 좋은 그런 감정을 불러일으켜야 한다. 즉, 어떤 훌륭한 이야기를 들려주었을 때 그들의

‘마음’에 호소를 해야 하는 것이다. 당신이 상대방의 심금을 울릴 수 있다면 그들은 당신이 이끄는 곳이 어디든 따라올 것이다. 이렇듯 관심을 집중시키고 감정적으로 몰입하게 만드는 이야기들은 우리를 ‘행동’으로 이끌기도 한다.

💬 모든 의사결정은 감정적이다

기업가로서 우리들은 끊임없이 사업에 대해 이야기할 수 있는 기회를 모색하곤 한다. 사람들이 우리 제품을 사도록, 우리 회사에 투자를 하고, 우리에 관한 글을 쓰도록, 나아가 우리와 함께 일하게 되기를 원한다. 이런 모든 행동들이 기업의 성공에 엄청난 영향을 미치기 때문에 이들 결정에 영향력을 행사하려고 부단히 노력한다.

하지만 한편으로 사람들은 사실과 정보에만 입각해 결정을 내리지 않는다. 사람들은 감정에 기반해 결정을 내린다. 상대방이 어떤 이야기 때문에 당신에게 유리한 결정을 내렸다면 그것은 그 이야기가 상대방의 감정을 건드렸기 때문이다. 우리는 우리가 내린 결정들이 주어진 대안과 사실들을 이성적으로 분석한 결과라고 믿는 경향이 있다. 하지만 연구 결과에 따르면, 의사결정은 전혀 논리적이지 않다. 의사결정은 다분히 감정적이다.

서던 캘리포니아 대학의 신경과학 분야 교수인 안토니오 다마시오Antonio Damasio는 저서 『데카르트의 오류』에서 감정이 의사결정의 핵심 요소라고 주장한다. 그는 1982년 뇌종양을 앓던 엘리엇이라는 환자를 대상으로 종양 제거 수술을 시행했다. 수술은 성공적이었고 엘리엇은 IQ 검사에서도 백분위 중 97퍼센트에 해당하는 높은 점수를 받았다. 하지만 수술 이후 엘리엇의 삶은 산산조각나기 시작했다. 그에게는 어떤 일을 하고자 하는 동기가 전적으로 부족했고 의사결정도 하지 못했다. 그는 삶에서 일어나는 사소한 일들, 무엇을 먹고 무엇을 입을지부터 사업에 관한 일까지 모든 일들에 대해 끝없이 논쟁을 벌였다. 그의 달라진 행동을 연구하던 다마시오는 엘리엇의 종양이 뇌에서 감정을 담당하는 부분에 자리했었다는 사실을 깨달았다.

엘리엇의 수술 경과를 지켜보면서 다마시오는 뇌에서 감정을 생성하는 부위에 손상을 입으면 다른 부분이 정상적으로 기능하고 있어도 의사결정을 내릴 수 없다는 사실을 발견했다. 뇌에서 논리를 담당하는 다른 부위가 손상을 입지 않은 덕택에 엘리엇은 일상적인 과제는 수행할 수 있었지만 어느 식당에 갈지, 어떤 옷을 입을지와 같은 단순한 결정들은 내리지 못했다. 선택에 관한 정보를 논리적으로 처리할 수는 있었지만 결정은 내릴 수 없었던 것이다. 자기 앞에 놓인 선택지들에 대한 '감정'이 없기 때문이었다. 다마시오는 결국 우리를 행동하게 만드는 것이 바로 감정임을 알게 됐다. 상황이 얼마나 중요한지나 정보를 얼마나 많이 제공하는지와 관계없이, 인간에게 어떤 행동을 하도록 만들려면 감정 없이는 불가능하다.

다마시오 박사의 이야기를 다르게 표현하자면, 이성보다 마음에 호소하는 것이 더 효과적이라는 말일 테다. 훌륭한 이야기를 개발하는 데 집중한다면 감정적으로 다른 사람에게 다가갈 수 있는 가능성이 더 높아질 것이다. 게다가 인간은 감정에 따라 움직인다. 감정에는 영감을 주고 성취동기를 불러일으키는 힘이 있다. 감정은 아이디어나 신념 뒤에 존재하는 열정을 느끼게 해주고 무엇이 중요한지 깨닫도록 도와준다. 감정은 상대방으로 하여금 당신의 아이디어에 대해 들어보고 싶게 만들고, 그 아이디어가 자신의 삶에 어떻게 적용되고 자신에게 어떤 영향을 미칠지 이해할 수 있게 해준다.

한마디로 어떤 메시지를 매력적인 이야기와 엮어 전달하는 일은 상대방에게 다가가고, 영향을 미치고, 나아가 그들을 설득할 수 있는 가장 효과적인 방법 중 하나다. 이야기는 가장 깊게 자리 잡은 편견과 믿음도 흔들어놓을 수 있고 심지어 이를 뒤집을 수도 있다. 효과적으로 구성되고 전달된 이야기는 듣는 사람에게 '의사결정을 하기 위한 최적의 조건이 갖춰졌다'는 메시지를 전한다. 자금을 요청하는 경우건 언론 보도나 영업, 파트너십을 요청하는 경우건 상관없이, 이야기는 인간의 뇌가 '가장 호의적인 방식'으로 반응하도록 만드는 것이다. 그러니 기업가들이여, 멋진 이야기야말로 온 세상을 바꾸는 도구가 될 수 있다는 점을 잊지 말자.

💬 이야기는 창업가들을 위한 만능 칼

기업가로서 당신에게 이야기가 필요한 결정적 이유 중 하나는, 종종 당신이 가진 유일한 것이 이야기뿐이기 때문이다. 유능한 여러 사람들과 함께 사업을 시작할 수도 있고 출범 전에 자금을 확보하거나 심지어 어느 정도 브랜드 인지도를 보유한 창업가들도 있을 수 있다. 하지만 현실은 그 반대의 경우가 훨씬 더 많다. 처음 시작했을 때 가진 거라곤 자신과 아이디어 하나밖에 없는 기업가가 99퍼센트를 차지한다는 얘기다. 대부분의 기업가들처럼 아무것도 가진 게 없다 해도 당신은 여전히 모든 일을 해내야 한다.

이야기는 자본이 없어도 즉시 만들어낼 수 있으며 부족한 자원을 확보하도록 도와줄 강력한 도구가 되어준다. 마치 스위스 군용 칼처럼 이야기는 자금 조달, 매출 진작, 파트너십 확보, 언론 접촉, 인력 채용 등 사업상의 모든 필요를 채우는 데 활용할 수 있다. 이야기는 눈에 보이지 않는 것을 볼 수 있게 만들고, 평범한 것을 장대하게 만들어주고, 불가능해 보이는 일을 평범한 사람도 이해할 수 있도록 만들어준다. 이야기는 당신과 상대방 사이에 감정의 다리를 놓는다. 이야기는 창업자인 당신에게 필요한 모든 것을 당신과 연결시켜준다.

아카데미상 후보에 50번이나 올랐을 뿐만 아니라 전 세계적으로 30억 달러가 넘는 수입을 거둔 영화들을 제작했던 존경받는 영화 제작자 피터 구버Peter Guber는 자신의 저서 『성공하는 사람은 스토리로 말한다』에서 이런 생각을 폭넓게 다루고 있다. 그의 책에서 핵심이 되는 주장 중 하나는 이야기가 트로이의 목마와 같다는 것이다.

트로이의 목마처럼 이야기는 듣는 사람에게 선물이자 전달의 수단이다. 이야기는 듣는 사람이 세워둔 방어벽을 넘어서 메시지를 전달한다. 바로 지금 이 순간에도 우리는 역사상 그 어느 때보다 더 심한 정보의 홍수 속에서 허우적대고 있다. 광고와 판매 홍보, 소셜 미디어의 폭격이 쉴 새 없이 쏟아진다. 이렇게 늘어난 정보 때문에 사람들은 의식적으로 또는 무의식적으로 방어벽을 세운다. 어떤 정보를 받아들일지 말지 선택하는 데 더 깐깐해지고 정보를 듣고 싶지 않을 때는 아예 다이얼을 돌려버리는 것이다.

이런 상황에서 기업가인 우리는 세상의 소음을 뚫고 사람들의 관심을 사로잡을 방법을 찾아내야 한다. 이때 이야기는 사람들이 방어막을 내리도록 만들어 그들에게 다가갈 수 있게 해준다. 사람들이 이야기를 들을 때 내용에 집중하고 공감하고 관심을 가지는 만큼, 메시지는 이야기와 함께 전달되며 그들의 마음속에 무의식적으로 자리를 잡는다. 바로 하손의 거울 효과 실험 대상자처럼 사람들은 다리를 건너와 이야기 속에서 당신과 함께한다. 귀 기울여 이야기를 듣고 났을 때쯤이면 그들은 해당 사업이나 제품, 서비스에 대해 특별하다고 느끼게 되며 때로는 설득할 필요조차 없이 당신이 원하는 행동을 취하게 될 것이다.

창업가 이야기 **버트 제이콥스** ('라이프 이즈 굿' 창업자)

긍정적인 이야기로 세상을 변화시키다

미국의 의류 및 액세서리 도매 업체 '라이프 이즈 굿Life Is Good'의 창업자인 버트 제이콥스Bert Jacobs는 이야기가 어떻게 모든 것을 바꿔놓는 힘을 가졌는지 잘 보여준다. 나는 버트 제이콥스가 연설하는 모습을 봤고, 몇 년 전에는 텍사스 여성 컨퍼런스Taxas for Women Conference에서 그를 직접 만나기도 했다. 그와 나눈 대화에서 나는 제이콥스의 탁월한 스토리텔링 능력과 열정, 날 것 그대로의 감정을 직접 경험할 수 있었다.

제이콥스와 그의 다섯 형제자매들은 매사추세츠주의 중하위층 가정에서 자랐다. 그가 살던 집은 좁았고 난장판이었다. 가진 것은 적었지만 그의 부모님은 인생에서 가장 중요한 것들, 즉 친구와 가족, 웃음, 사랑에 대해 늘 가르치곤 하셨다. 그러던 어느 날 제이콥스의 가족에게 큰 시련이 닥치고 만다. 온 가족의 생계를 책임지고 있던 아버지가 어느 날 교통사고를 당해 한쪽 팔을 쓸 수 없게 되면서 그렇지 않아도 어려운 가정 형편이 더 기울게 된 것이다. 아버지는 감정 기복이 심해졌고 심각한 우울증을 겪었다.

가족들이 사고의 어두운 그림자에 짓눌리도록 놔두지 않겠다고 결심한 제이콥스의 어머니는 아이들이 항상 삶의 긍정적인 면을 볼 수 있도록 부단히 노력했다. 그녀는 매일 저녁식사 때마다 아이들의 기분을 바꿔주기 위해 이렇게 말하곤 했다. "오늘 있었던 기분 좋은 일에 대해 말해주렴." 그러면 아이들은 각자 자기 이야기를 늘어놓곤 했다. 그러면 식탁을 둘러싼 우울했던 기운이 순식간에 바뀌었다. 결국 가족들은 모두 함께 큰소리로 웃으며 식사를 했다. 일상 속에서 낙관적인 마음을 불어넣는 이 작은 행동은 그 후 몇 년간 그에게 큰 도움을 준 교훈이 됐다.

대학을 졸업한 제이콥스와 형제들은 여행을 하고 싶었다. 그래서 그들은 다양한 일자리를 선택했다. 그중 한 명은 교사가 되어 캘리포니아로 향했고, 다른 한 사람은 스키 강사가 되어 콜로라도로 갔다. 그들은 서로를 방문하던 여행길에서 어느 날 함께 사업을 해보자는 결정을 내린다. 그들은 각자 가진 기술을 합쳐보기로 했다. 한 명은 그래픽 디자인에 능했고 다른 한 명은 말을 아주 잘했다. 그렇게 그들은 티셔츠를 만들어 판매하는 사업을 시작했다.

두 사람은 매사추세츠주 보스턴으로 돌아와 중고차 매매를 하는 다른 형제에게서 밴을 구입해 사업을 시작했다. 당시 저축해놓은 돈 160달러를 전부 투자해 처음으로 티셔츠 세트를 구입했다. 그 후 5년 간 그들은 미국 동부를 오르내리며 축제 현장이나 대학교에서 티셔츠를 판매했고, 어디든 가서 돈을 벌려고 노력했다. 하지만 결코 많은 돈을 벌지 못했다. 오히려 공과금을 내기 위해 현지 초등학교와 고등학교에서 파트타임 교사로 일했고 때로는 호텔비를 아끼려고 대학 기숙사에서 잠을 자기도 했다.

돈은 별로 없었지만 그들은 항상 삶을 긍정적으로 보고자 노력했고 멋진 대화를 나눴다. 그러던 어느 날 축제 현장에서 티셔츠를 팔고 돌아오던 중 부정적인 소식만을 끊임없이 재생산하며 사람들의 공포를 먹잇감으로 삼는 뉴스들이 얼마나 나쁜지에 대한 이야기가 화제로 떠올랐다. 제이콥스와 동생은 그들의 삶에 일어난 좋은 일에 대해 항상 물어보곤 했던 어머니에 대한 추억담을 나누기 시작했다. 그리고 어쩌면 자신들의 사업을 통해 삶에 낙관주의를 더하는 뭔가를 할 수 있지 않을까 고민하기 시작했다.

보스턴에 있는 아파트로 돌아왔을 때 그들은 새로운 티셔츠 개발을 위해 친구들을 모두 불러 모았다. 맥주를 통째로 사와서 함께 마신 다음 각자 아이디어를 아파트 벽에 그림으로 표현하는 것이 그들의 방식이었다. 그들은 친구들에게 삶에 낙관주의를 더하는 일에 대한 아이디어를 말해주고 그 과제에 덤벼보자고 제안했다. 그날 밤 벽에는 멋진 캐릭터와 문장이 많이 그려졌고 그중에서도 가장 두드러진 작품은 선글라스를 끼고 베레모를 쓴 채 웃고 있는 얼굴 모양의 캐릭터였다. 그 옆에는 "이 사람은 다 알고 있지"라는 말이 적혀 있었다.

제이콥스도, 친구들도 그 캐릭터가 무척 맘에 들었다. 파티가 끝나자 스케치 작업을 하고 제이콥스는 단순한 세 단어로 이루어진 "라이프 이즈 굿Life is good"이라는 문장을 생각해냈다. 그들은 수중에 남아 있던 돈 78달러를 털어 48벌의 티셔츠를 만들었다. 그리고 보스턴 시내로 나가 45분 만에 티셔츠 48벌을 모두 팔았다. 평소 일주일 내내 티셔츠를 팔며 번 돈보다 그 45분 동안 더 많은 돈을 번 것이다.

그 순간 그들은 자신들이 셔츠에 들어간 슬로건과 그림만 만들어낸 것이 아니라 그보다 훨씬 더 큰 무엇인가를 만들어냈음을 깨달았다. 그들에게는 '이야기'가 있었다. 어렸을 때 어머니가 심어준 낙관주의 정신을 담은 이야기 말이다. 그것은 세상에 존재하는 좋은 것들에 대한 낙관적 관점을 대변하는 이상향이었다. 그 이야기를 세 단어의 슬로건과 선글라스를 쓴 유쾌한 캐릭터에 담은 덕분에 그들은 5년 동안 밴에 살면서 돈도 벌지 못하던 두 남자에서 하룻밤 사이에 삶을 바꿔놓은 사람들이 됐다.

그들의 어린 시절을 함께했던 낙관주의 슬로건은 말 그대로 그날 그들의 모든 것을 바꿔놓았다. 제이콥스와 그의 동생은 계속해서 이 이야기와 그들의 비전을 발전시켰고 이를 30개국, 4,500개의 소매점을 보유한 몇 억 달러 가치의 회사로 바꿔놓았다. 지금은 어디를 가든 그들이 만드는 모든 제품에서 "라이프 이즈 굿"이라는 문장과 웃는 얼굴을 한 그들의 정신을 발견할 수 있다.

START
WITH
ST$RY

제2장

이야기란
무엇인가

웹스터 사전에서는 이야기를 "발생한 일과 사건에 대한 설명. 관심의 대상인 상황과 관련된 사실들에 관한 진술"이라고 정의한다. 맞는 말이지만 이야기는 이보다 훨씬 더 많은 것을 포함한다. 하지만 기업가인 당신이 이야기의 복잡한 정의와 이와 관련된 많은 용어들을 알아야 할 필요는 없다. 당신이 알아야 할 것은 단 하나, 대다수의 위대한 기업가 이야기꾼들이 성공한 비결은 그들이 사업이나 비전을 자신의 삶에서 커다란 의미를 가진 무언가와 연결했기 때문이라는 사실뿐이다. 기업가 스토리에 담긴 비밀은 바로 그 '연결' 부분에 있다.

이야기는 경험의 다른 말이다

기업가들의 이야기를 영상으로 담는 일을 시작했을 때, 나는 이 분야에 대한 경험이 전무한 상태였다. 공학과 MBA, 창업 경험이라는 내 배경은 창업자들의 영상을 찍고 그들의 서사를 만들어내는 데 그다지 도움이 되지 않았다. 나는 순수하게 직감에 의존해야 했다. 다행히도 함께 일했던 다른 제작자, 카메라 감독, 영상 편집자들이 가진 기술을 지렛대 삼아 활용할 수 있었다. 그들이 훌륭한 작가이자 스토리텔러였던 것이다.

창업자들이 등장하는 비디오를 더 많이 제작하게 되면서 나는 간결하고 설득력 있게 그들의 이야기를 담고 말로 옮기는 데 더 능숙해졌다. 나는 계속해서 급성장하는 스타트업과 대기업의 유명한 창업자들에 대한 영상들을 찍었다. 그러자 곧 기업들이 회의나 행사 자리에서 기업가의 스토리텔링에 대해 세미나를 해달라고 요청하기 시작했다. 그와 동시에 기업가들이 먼저 다가와 자신의 이야기를 만드는 데 도움을 줄 수 있는지 물어왔다. 다른 사람들을 가르칠 예정이었던 만큼 나는 이야기와 스토리텔링의 기본에 대해 더 깊게 공부해야 할 때가 왔음을 깨달았다.

그런 이유로 나는 '이야기의 역사'에 파고들었다. 연극에서 사용되는 2막과 3막, 4막 구조를 그리스인들과 로마인들이 어떻게 고안해냈는지 알게 됐다. 스토리텔링을 주제로 삼은 책들을 읽기 시작했고, 영화와 서사구조 전문가로 잘 알려진 로버트 맥키Robert McKee와 조셉 켐벨Joseph Campbell의 작품을 연구했다. 대단원denouement이나 신격화apotheosis 같은 용어들과 이야기는 어떤 구조를 따라야 하는지, 등장인물의 범주는 어떻게 개발해야 하는지에 대해서도 공부했다.

이처럼 깊게 파고드는 작업은 매력적이었지만 나에게 혼란과 좌절감을 주기도 했다. 나의 목표는 퓰리처상을 받을 만한 책을 쓰거나 블록버스터 영화를 만들려는 게 아니었기 때문이다. 나는 단지 영감을 주는 기업가들의 이야기들을 만들고 공유하고 싶었다. 멋진 제품을 만들어낸 아이디어를 어떻게 고안했는지 설명하는 데 등장인물이 왜 필요한 걸까? 단순히 내 눈에 거슬리는 문제를 해결하려고 노력하고 있는데 왜 자아 발견을 위해 13단계의 여정을 거치는 영웅이 돼야 하는 걸까? 발음도 제대로 안 되고 정확한 뜻조차 모르는 '대단원'을 활용하는 방법을 왜 알아야만 하는 걸까?(참고로 대단원이란 어떤 일이 결정되거나 명확해지는 클라이맥스를 의미하며 '데누망'이라고 발음한다.)

내가 볼 때 책이나 영화, 극본에 나타나는 위대한 스토리텔링에 내재된 복잡한 구조들은 기업가들을 염두에 두고 설계되지 않았다. 이런 구조는 대개 엔터테인먼트나 출판업계, 즉 관객의 관심을 오랫동안 붙잡아둘 수 있는 영화, 연극, 책을 만드는 것이 직업인 사람들을 위한 것이다. 혹은 엄청난 자원을 가지고 대대적인 광고 캠페인을 만들고 싶어 하는 마케팅 부서나 광고 대행사를 위해 만들어진 것이다.

특히 기업가들이 그렇지만 대부분의 사람들은 클라이맥스나 영웅에 대해 신경 쓰지 않는다. 우리는 그런 용어를 사용하지도 않고 그런 용어들의 의미가 사업과 무슨 관련이 있는지도 모른다. 물론 알고 싶어 하지도 않는다. 기업가들의 이야기는 짧고 명료하다. 그들의 이야기는 불후의 명작도 아니고 「스타워즈」 3부작도 아니며 6개월에 걸쳐 몇 주일씩 뉴욕 메디슨가에서 진행되는 광고 캠페인도 아니다.

내가 만난 기업가들은 사업을 위해 떠올린 영감이나 어느 날 밤 불현듯 다가온 깨달음에 대해 이야기하곤 했다. 위대한 기업가들은 세계에서 가장 큰 커피 기업을 탄생시킨 아이디어를 어떻게 생각해냈는지, 혹은 몇 억 달러 가치의 티셔츠 사업을 일구는 데 무엇이 촉매 역할을 했는지 이야기하곤 했다. 그들은 자신의 노력과 성취에 대해 말했다. 그리고 그 이야기들이 경험 속에서 자연스럽게 느껴지도록 만들었다.

나는 내가 영상으로 담았던 몇몇 성공한 기업가들에게 창업 스토리를 어떻게 떠올렸는지, 그리고 시간이 지나면서 그 이야기가 어떻게 진화했는지 물어봤다. 심지어 나는 그들에게 이야기 구조에 대해 공부한 적이 있는지 물어보기도 했다. 이런 과목을 공부한 사람은 거의 없었다. 그들은 그저 스스로 깨닫고 파악했던 것이다. 따라서 나는 맨 밑바닥부터 시작해 어떤 사람보다 스토리텔링을 더 잘 알게 된 사람들, 바로 기업가들에게서 스토리텔링 기술을 배우기로 했다.

　나는 내가 제작한 유명 기업가들이 등장하는 영상들을 다시 봤고 셀 수 없이 많은 인터뷰 기록을 살펴봤다. 기업가들과 나눴던 담화, 컨퍼런스에서 지켜본 연설, 기업가들과 한 방에 앉아서 저녁을 먹거나 술을 마시면서 자연스럽게 토론을 하던 순간들도 돌이켜봤다. 내가 수집한 가장 존경하는 창업가들의 자서전들을 꼼꼼히 살펴본 후 추려냈고, 내가 조사를 위해 저장해둔 기사 수백 건도 읽어봤다. 나는 그들이 회사를 어떻게 시작했는지, 무엇이 그들을 아이디어로 이끌었는지, 혹은 모든 것을 바꿔놓은 깨달음의 순간^{aha moment}에 대해 그들이 나에게 이야기하던 방식을 떠올려봤다. 나는 그 이야기들에 매료됐지만 '이야기 구조'라는 관점에서, 그 이야기들을 그토록 매력적으로 만든 것이 무엇인지 딱 꼬집어 말할 수가 없었다. 하지만 오랜 생각 끝에 그 해답을 발견할 수 있었다.

　그들은 복잡한 공식을 사용하지 않았던 것이다. 그들은 그저 '자신의 경험을 공유'하고 있었다.

　나는 충격을 받았다. '어떻게 이렇게 단순할 수가 있지?' 하지만 사실이 그랬다. 어떤 산업인지는 중요하지 않았다. 제품이 됐든 서비스가 됐든, 심지어 그들의 나이나 배경도 중요하지 않았다. 기업가들의 스토리에는 딱 하나의 공통분모가 있었다. 모두 본인이 겪은 '경험'을 공유하고 있다는 것. 그들은 단순히 회사와 관련된 경험을 중심으로 자신의 이야기를 만들어냈고, 시행착오를 거치면서 그 이야기를 전달하는 데 점점 더 능숙해졌던 것이다. 사실 경험을 공유하는 일은 나 역시 평생 해오던 일이었다. 종종 나는 친구들과 "너 그때 기억하니?"라는 말로 이야기를 시작하곤 한다. 나는 내 이야기를 12단계의 과정이라는 측면에서 생각하지도 않고 상대방이 이해 못하는 용어로 말하지도 않는다. 나는 단순히 그 대화와 '연관성이 있는 경험'을 기억해내고 상대방이 감정적으로 빠져들게 만드는 방식으로 그 경험을 공유한다.

이것이 바로 기업가 스토리텔링의 초석이다. 이 발견은 다음과 같은 공식으로 정리할 수 있다. 이 발견의 진정한 아름다움은 이런 단순함 속에 존재하는 우아함에 있다.

이야기 = 경험 + 사업의 의미

이 책을 읽고 있는 여러분에게도 각자 사업과 연관된 의미 있는 경험이 있을 테다. 무엇인가가 당신이 기업가로서 행동을 취하고, 제품을 만들고, 서비스를 창조하고, 회사를 설립하도록 영감을 주었다. 당신이 기업가가 된 데는 이유가 있고 당신이 창업자의 길을 가도록 만든 경험은 반드시 존재한다. 그 경험은 당신이 마주쳐서 해결해야 했던 문제일 수도 있다. 삶에서 겪은 중대한 실패나 후퇴여서 거기서 얻은 교훈이었을 수도 있다. 당신이 샤워 중에 얻은 깨달음의 순간이거나 밖에서 달리기를 하다가 받게 된 계시일 수도 있다. 그 경험이 당신에게 영향을 미쳤다면 똑같은 경험이 다른 누군가에게도 영향을 미치게 될 가능성이 높을 것이다.

이것이 기업가들을 위한 스토리텔링의 아름다움이다. 단순하게 당신이 했던 그런 경험을 적절한 방식으로 상대방에게 공유하기만 하면 된다. 하워드 슐츠Howard Schultz의 이야기가 좋은 예다. 슐츠는 내가 가장 좋아하는 스토리텔러다. 자신의 경험을 전달하는 그의 능력이 어떻게 전 세계를 바꿔놓았는지 여러분과 공유해보도록 하겠다.

창업가 이야기 하워드 슐츠 (스타벅스 명예회장)

'마시는 커피'에서 '경험하는 커피'로 커피 문화의 새 장을 열다

뉴욕시 브루클린에서 태어난 하워드 슐츠의 어린 시절은 풍족함과는 거리가 멀었다. 다섯 명의 가족이 침실이 두 개뿐인 작은 아파트에 살았는데, 저소득층 대상의 공동주택단지에 있던 그 아파트는 한 빌딩에만 150세대가 살았고 엘리베이터도 하나뿐인 그런 곳이었다. 슐츠에게 사업을 하겠다는 꿈은 애초에 없었다. 그의 유일한 꿈은 그 공동주택을 벗어나는 것이었다. 집이 너무 가난해서 대학에 진학할 수 없었지만 다행히 그는 스포츠에 능했고, 미시간에 있는 한 작은 대학에서 풋볼 장학금을 제안받았다. 그 장학금 덕분에 그는 브루클린의 공동주택을 벗어날 수 있었다.

불행히도 슐츠가 그 학교에 진학했을 때는 풋볼 선수들 간의 경쟁이 치열했던 시기였다. 그는 타고난 운동선수였지만 대학 풋볼은 완전히 다른 게임이었다. 결국 그는 대학 팀에서 방출됐고 장학금도 받을 수 없게 됐다. 학교에 남기 위해서 그는 학자금 대출을 받으며 파트타임으로 일했고 여름방학에도 일을 쉬지 않았다. 심지어 생계를 유지하기 위해 피를 팔아야 했던 적도 있었다. 그렇게 슐츠는 스스로 학비를 벌어서 졸업할 만큼 열심히 일했다. 그는 가족 중에 처음으로 대학을 졸업한 사람이었다.

학교를 마친 그는 앞으로 뭘 하면서 살아야 할지 몇 시간씩 고민하곤 했지만 뚜렷한 영감이 떠오르지도 않았고, 소명을 발견하지도 못했다. 그러다 제록스Xerox의 영업 교육 프로그램에 참여하면서 거기서 자신의 재능을 발견하게 된다. 그는 영업에 천부적 소질을 보였고, 회사 내에서 최고의 영업사원 중 한 명으로 꼽히기도 했다. 각종 세일즈를 통해 경력을 쌓은 그는 실력을 인정받아 드립 커피머신을 포함해 여러 제품을 제조하고 판매하는 해마플라스트Hammarplast라는 스웨덴 회사로 자리를 옮겼다. 슐츠는 승진을 거듭해 부사장이자 한 팀의 영업사원들을 이끄는 사업부 대표가 되기 이른다. 그들의 주요 고객 중에는 미국 북서부에 자리한 작은 커피원두 회사도 있었다. 시애틀에 위치한 그 회사는 엄청나게 많은 드립 기계와 플라스틱 콘 필터^{cone filter}를 사들이고 있었기에 슐츠는 이 회사에 자연스럽게 관심을 가지게 됐다. 훌륭한 영업사원들이라면 그러하듯 슐츠도 최고 고객인 그 회사를 방문하기로 했다.

이 회사의 주주들을 만난 자리에서 슐츠는 곧장 그들이 하는 일에 매료됐다. 그 회사가 가진 커피에 대한 해박한 지식과 원두를 선택하는 관점에 깊은 감명을 받은 것이다. 그 회사의 운영 방식 또한 매력적이었다. 그가 시애틀을 떠나면서 "하느님, 이 얼마나 멋진 회사이며 멋진 도시인지요. 저는 이들과 함께 하고 싶습니다"라고 중얼거리며 걸어 나왔을 정도였다. 1년 후, 그는 다니던 회사를 그만두고 그 원두 회사로 자리를 옮겼다.

그렇게 원두 회사에서 일하던 슐츠는 밀라노에서 개최된 국제 가정용품 전시회 참석 차 이탈리아로 출장을 가게 된다. 거리를 걸으며 화창하고 따뜻한 가을 날씨를 즐기던 어느 날, 그의 눈에 뭔가가 들어왔다. 바로 각 동네와 거리 곳곳에 자리한 에스프레소 카페들이었다. 이탈리아의 커피 문화와 처음으로 마주친 순간이었다. 그는 직접 이탈리아의 커피점들을 둘러봤다. 그곳은 단순히 커피를 파는 매장이 아닌 그 지역 사람들이 둘러 앉아 만남을 갖는 모임의 장소였다. 그는 살면서 한 번도 본 적이 없는 장소였지만 이탈리아 사람들은 매일 경험하는 낭만적이고 아름다운 미학적 장소였다. 이때가 1983년이었음을 생각해보라. 미국에는 이런 유형의 라이프 스타일이 결코 나타난 적이 없었다. 슐츠는 즉시 이탈리아에서의 커피 경험이 풍기는 낭만주의에 끌렸고, 그의 머릿속에는 '이걸 미국으로 가져가야 하는데'라는 생각 밖에 없었다. 그가 관찰한 바로는 이탈리아 커피점들이 풍기는 그 낭만성의 비밀은 그들이 창조한 '만남의 장소'에 있었다. 그는 여기에 '제3의 장소'라는 이름을 붙였다. 우리 삶에서 제1의 장소가 집이고, 제2의 장소가 직장인 것은 누구나 알고 있다. 하지만 제3의 장소는 뭔가 새로운, 그가 미국에서 만들어내야 하는 장소였다.

출장에서 돌아온 그는 자신이 일하던 원두 회사 주주들에게 자신의 경험에 대해 설명하고, 그 경험을 미국으로 꼭 가져오고 싶다고 말했다. 당시 그의 회사는 원두를 파는 소매기업이었을 뿐 식당이나 커피점이 아니었다. 주주들은 슐츠가 미쳤다고 생각했다. 하지만 그는 결국 주주들을 설득했고, 신선한 커피를 판매할 카페 한 곳을 열 수 있었다. 그 시험용 카페는 매우 성공적이었다. 하지만 주주들은 그 방면으로 진출하고 싶어 하지 않았다. 슐츠는 주주들을 설득해 더 많은 커피점을 여는 일이 불가능하다는 사실을 깨닫고 독립을 결심했다. 그는 '일 지오날레Il Giornale'라는 이름의 작은 커피점을 열었고, 자신이 일하던 원두 회사의 원두를 사용해 내린 커피와 에스프레소 음료들을 판매하기 시작했다. 슐츠는 자신이 다니던 원두 회사의 이름을 좋아했다. 그래서 원두를 계속 구매하면서 언젠가 그 이름을 자신에게 팔 의

향이 있는지 알아보고 있었다. 원두 회사 주주 중 한 사람은 슐츠를 전폭적으로 지지했고, 2년 후에 그들은 슐츠에게 회사의 상호를 매각했다. 그 회사의 이름은 바로 스타벅스Starbucks였다. 그는 자신이 운영하던 커피점 이름을 일 지오날레에서 스타벅스로 바꿨고, 전 세계인이 알고 사랑하는 브랜드로 구축했다.

슐츠에게 그 회사의 기원은 그저 커피나 원두가 아니었다. 진정한 차별성은 이탈리아에 존재하는 제3의 장소에서 경험한 것들을 창조하는 일이었다. 슐츠는 자신이 느꼈던 즐거움과 낭만을 똑같이 경험할 수 있는 물리적인 장소를 만들고 싶었다. 슐츠가 스타벅스와의 여정을 시작했을 때, 그는 제3의 장소를 처음 경험했던 그 순간의 이야기를 모든 상황에 써먹었다. 또한 이 이야기를 활용해 일 지오날레를 열자고 파트너들을 설득했다. 또한 자신의 매장에서 커피를 판매하면서도 음료 뒤에 숨은 이야기들을 고객에게 들려줬다. 그 음료들이 이탈리아의 어느 지역에서 왔으며 어떻게 해서 지금과 같은 이름을 갖게 됐는지 말이다. 그는 그 경험을 활용해 당시에는 한 곳뿐이었지만 곧 전 세계로 퍼질, 작고 허름한 자신의 커피점에서 일할 사람을 고용하기도 했다. 독립을 하게 되자 그는 이 경험을 활용해 파트너들을 모으고 자금을 조달했다. 제3의 장소 이야기는 너무나 강렬한 비전이었고, 설득력 있고 강하게 끌리는 아이디어였기 때문에 스타벅스는 현재 연간 매출액이 160억 달러가 넘는, 세계에서 가장 성공적인 커피 회사가 됐다. 스타벅스는 전 세계 65개국에 2만 1,000개의 매장을 보유하고 있으며 애플, 코카콜라, 맥도날드와 어깨를 나란히 하는 세계에서 가장 유명한 브랜드 중 하나가 됐다.

스타벅스가 오늘날 이 자리에 있게 된 것은 듣는 사람을 매료시키는 슐츠의 뛰어난 스토리텔링 능력 때문이다. 오늘날 미국과 전 세계 거리 모퉁이마다 커피점이 자리 잡게 된 것도 슐츠가 이탈리아에서 경험했던 제3의 장소에 대한 이야기가 사람들의 마음을 움직였기 때문이다. 그렇게 그는 거의 혼자 힘으로, 미국 커피 문화의 초석을 만들어냈다.

CNBC 방송사를 위해 내가 제작한 TV쇼 '아메리칸 메이드American Made'에서 하워드 슐츠에 대한 영상을 찍고 있을 때, 진행자인 잉그리드 벤더벨트Ingrid Vanderveldt는 슐츠에게 우리 모두가 궁금해 하던 질문을 던졌다. "왜 커피죠?" 그는 이렇게 답했다. "저는 커피와 커뮤니티 측면에서의 커피 경험, 커피의 로망에 대해 열정을 가지고 있습니다. 다른 것이 될 수도 있었겠죠. 하지만 제가 진정으로 매력을 느낄 수 있는 뭔가를 발견했을 때만 그랬을 겁니다."

스타벅스 성공의 핵심에는 항상 커피가 있었다. 하지만 그들의 브랜드나 이야기를 차별화시키는 요소는 커피 자체가 아니다. 그들이 가진 아이디어의 독특함은 '그들만의 공간'을 창조했다는 데 있다. 이탈리아에서 슐츠 자신이 커피에 대한 사랑과 열정을 경험할 수 있던 그 장소 말이다. 그것은 결코 단순한 제품이나 서비스가 아니었다. 슐츠에게 그것은 자신이 창조하고 싶었던 경험, 유럽에서 본 것과 같은 삶을 살 수 있는 제3의 장소였다. 물론 스타벅스와 슐츠는 그들의 제품과 서비스에 자부심을 가지고 있지만 궁극적으로 스타벅스의 에토스는 이탈리아에서의 경험을 바탕으로 재창조된, 사람들이 모여드는 '장소'에서 나온다.

이 개념이야말로 기업가로서 당신이 이야기를 창조할 때 알아야 할 핵심이다. 듣는 사람으로 하여금 당신이 느낀 것과 같은 것을 느끼고 경험하게 해야 한다. 혹은 완전히 같지 않더라도 최소한 그 무게를 똑같이 이해하도록 만들어야 한다. 그렇게 할 수 있다면 당신은 상대방을 원하는 방향으로 행동하도록 만드는 데 큰 진전을 이룰 수 있다.

START WITH STORY

제3장

매력적인 이야기는 어떻게 만들어지는가

기업가의 이야기가 단순히 그의 경험이라는 것을 이해하면서 그것은 마치 계시처럼 내게 하나의 전환점으로 다가왔다. 경험이 곧 이야기가 될 수 있다는 말은 경력, 학력, 기량과 상관없이 누구나 자신의 이야기를 만들 수 있음을 의미한다. 그 사람의 의미 있는 경험에 어울리는 단순하고 명쾌한 프레임워크를 제공하는 것이 나의 일이었다.

그동안 학술적으로 이야기 구조를 연구하고 스토리텔링의 예술과 과학을 깊이 파고들고 수백 명의 기업가와 대화하면서 보낸 그 모든 시간들이 여기서 그 쓸모를 찾게 됐다. 그렇게 나는 이야기가 단순히 시작beginning과 중간middle, 결말end로 구성된다는 아리스토텔레스의 모델을 기반으로 삼고 여기에 시작과 중간이 각각 두 개의 하부구조로 나눠져 다섯 개의 구성 요소를 가지는 구스타프 프라이타크의 모델을 활용해 기업가들이 쉽게 따라 할 수 있는 프레임워크를 만들었다.

이 프레임워크의 가장 큰 장점은 이것을 토대로 기업가인 당신 개인의 생애와 기업의 생애를 연결시켜 당신이 하고 싶은 거의 모든 이야기를 만들 수 있다는 점이다. 나는 이 프레임워크를 기업가를 위한 스토리텔링Storytelling for Entrepreneurs 프레임워크 혹은 좀 더 애정을 담아 '소프SoFE'라고 부른다.

💬 이야기를 만드는 SoFE 프레임워크

SoFE 프레임워크는 기억하기 쉽고 사용법이 단순하며 빨리 실행에 옮길 수 있다. 산업 분야나 사업 유형에 상관없이, 아이디어 단계든 완전히 준비된 단계든 상관없이, 서비스나 제품이든 상관없이 사업의 모든 단계에서 이를 활용할 수 있다. 즉, 누구나 이 프레임워크를 이용해 이야기를 만들 수 있다. 특정한 기술이나 경험은 필요하지 않다.

SoFE는 세 개의 단계와 다섯 개의 구성 요소로 이뤄진다. 시작에는 설정setup과 사건incident이라는 두 개의 구성 요소가 있다. 중간 단계는 도전challenge과 변화change라는 두 개의 요소로 구성된다. 결말은 결과outcome라는 하나의 구성 요소로 이뤄진다.

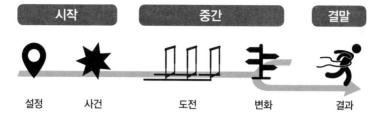

시작		중간		결말
설정	사건	도전	변화	결과

⠂ 시작

사람들은 종종 이야기에서 어떤 부분이 가장 중요하냐고 묻는다. 물론 모든 단계가 중요하지만 내 생각에는 시작이 가장 중요하다. 시작 단계의 주목적은 듣는 사람의 관심을 사로잡는 데 있다. 처음에 그들의 관심을 사로잡지 못한다면 아무 의미가 없다. 당신은 청중의 관심을 완전히 놓쳐버리거나, 이야기를 풀어나가면서 그들의 관심을 얻기 위해 힘겹게 투쟁해야 할 것이다.

시작은 '설정'과 '사건' 두 부분으로 구성된다. 설정은 이야기의 배경이고 사건은 서사를 진행시킨다. 먼저 설정을 살펴보자. 설정에서는 상대방에게 들려줄 이야기의 문맥을 제공하고 우리가 나누고자 하는 이야기의 참조틀frame of reference을 만든다. 단어 그대로 이야기의 설정이 실제로 이뤄지는 단계다. 여기서 이야기의 전개 방향에 대한 아이디어의 토대가 구축된다.

하워드 슐츠의 스타벅스 이야기로 돌아가서 이를 하나씩 분해해보자. 여기서의 설정은 무엇이었을까? 드립 커피머신 제조 회사에서 일하던 슐츠가 터무니없이 많은 양의 커피머신을 사들이는 시애틀에 위치한 원두 회사의 존재를 알게 됐다는 것이다. 그는 그 고객이 가진 커피에 관한 지식에 감동한 나머지 다니던 회사를 그만두고 시애틀로 날아가 그 원두 회사에서 일하게 된다. 굉장히 단순한 설정이지만 듣는 사람이 문맥상 어떤 일이 진행될지 짐작하기에 충분한 배경을 제공한다.

두 번째 구성 요소인 사건은 이야기를 진행시키는 촉매다. 이야기에 불꽃을 일으키는 부싯돌 역할을 하는 어떤 일의 발생, 어떤 문제, 어떤 상황 등이다. 사건은 당신과 상대방 사이에 유대를 구축하는 역할도 한다. 매력적인 사건일수록 더 많은 사람들이 그 이야기에 이끌리게 된다. 궁금증을 유발하는 지점에 빨리 도달하면 할수록 상대방은 더 많은 내용을 원하게 될 것이다.

또다시 하워드 슐츠의 이야기에서 사건을 살펴보자. 시애틀 원두 회사에서 일하던 슐츠는 출장 차 이탈리아를 방문했다. 그는 만남의 장소 역할을 하는 이탈리아의 커피숍 문화에 매료됐고, 여기에 제3의 장소라는 이름을 붙였다. 그리고 미국에 이 아이디어를 도입하기로 결심했다. 글이나 영상 속에서 이를 언급하고 특히 사람들을 직접 만나서 제3의 장소에 대한 이야기를 할 때, 슐츠가 이 아이디어에 매료됐음이 명백하게 드러났고 사람들은 이 지점에 끌렸다. 제3의 장소를 발견한 '사건'은 그의 이야기에 방향을 설정했고 사람들은 마음속으로 슐츠가 그비전으로 어떤 일을 할지 궁금해 했다.

라이프 이즈 굿을 창업한 버트 제이콥스의 이야기에서 사건은 무엇일까? 어머니가 알려준 긍정 메시지를 전파할 수 있는 티셔츠를 만들자고 결심했던 두 사람의 자동차 여행이었다. 탐스 창업자 블레이크 마이코스키의 경우, 사건은 그가 문제점을 발견한 순간이었다. 그는 신발도 못 신은 사람들을 수없이 목격했고 신고 갈 신발이 하나밖에 없어 어떤 아이를 학교에 보내야 할지 고민해야 했던 어머니에 대해서도 알게 됐다. 그 사건은 마이코스키가 자신의 남은 삶에 큰 영향을 미치는 결정을 하게 된 핵심적인 순간이었다.

:중간

일단 사람들의 관심을 사로잡았다면 그다음 목표는 그들과 유대감을 형성해 그들이 계속 흥미를 유지하도록 만드는 것이다. 이것이 이야기의 중간 부분이다. 여기서 목표는 상대방과의 유대감 구축에 있다. 상대방은 이미 이야기에 끌려 들어간 상태인 만큼, 그 최초의 끌림을 마치 블랙홀처럼 그들을 빨아들이는 진공청소기로 바꾸는 것이 핵심이다. 그렇게 하려면 두 가지 구성 요소가 필요하다. 바로 도전과 변화다.

도전은 사건에서 비롯된 유대감에 의존해 이를 공감과 이해로 공고히 시킨다. 사람이라면 누구나 고통을 겪기 때문에 어려움을 공유할 때 사람들은 그것을 이해한다. 우리는 모두 힘든 시절을 겪어봤기 때문에 그런 이유로 쉽게 공감한다. 도전은 당신이 직면한 어려움으로, 당신과 상대방 사이에 다리를 놓을 수 있게 도와준다. 유대감을 형성하려면 그 이야기가 상대방이나 상대방이 아는 누군가에게 의미 있는 이야기여야 한다. 상대는 자기 자신이나 주변 사람들의 삶에 어떤 영향을 미칠지 이해할 수 있을 때, 그 이야기에 신경을 쓰게 된다.

다시 하워드 슐츠의 사례로 돌아가서 이 이야기에 포함된 도전을 살펴보자. 하워드 슐츠는 미쳤다는 말을 들었다. 그 당시 대부분의 미국인에게 커피는 집에서 만들어 먹는 단순한 음료였다. '벤티 사이즈 무지방 모카 라떼' 같은 음료 이름을 바리스타가 소리 높여 외치는 커뮤니티 같은 커피 전문점에 대해서는 아무도 신경 쓰지 않을 때였다. 하지만 그는 그 아이디어를 고집했고, 원두 회사 주주들을 설득해 오늘날 우리가 사랑하는 스타벅스 매장의 시초가 되는 일 지오날레를 열 수 있었다.

일단 상대방이 공감한다면, 그들에게 변화를 제시해도 좋다. 변화는 네 번째 구성 요소이자 이야기의 전환점이다. 변화는 앞으로 나올 모든 것에 영향을 미치게 될 경험 중에서 심오하거나 절정에 해당하는 부분이다. 그것이 문제점이건 갈등에 대한 해결책이건 새로운 깨달음이건 상관없이, 변화는 인상적이고 눈에 띄는 경험의 핵심에 해당한다. 이야기에서 도전 부분은 상대방을 공감할 만한 경험으로 유도하는 반면, 변화 부분은 상대방과의 유대를 공고히 해준다. 하워드 슐츠의 이야기에서 변화는 그가 첫 카페를 연 후에 독립을 결심하는 부분이다. 제이콥스 형제들과 라이프 이즈 굿 이야기에서의 변화는 그들이 새로 디자인한 셔츠가 45분 만에 다 팔렸던 순간이었다.

: 결말

일단 청중의 관심을 끌어서 유대감이 형성되면 그들에게 한 가지 반응을 촉발시킬 필요가 있다. 이런 반응은 결말 중에서 결과라고 불리는 구성 요소에서 발생한다.

결과는 지속적인 인상을 남기는 이야기의 결론이나 문제의 해결에 해당한다. 시작과 중간 단계에 발생한 모든 일의 정점이기도 하다. 누군가 내린 결정이나 그가 취한 조치일 수도 있다. 결과의 목표는 상대방에게 어떤 종류의 '감정'을 남기는 것이다. 상대방에게 뭔가를 파는 게 목적이 아니라 그들에게 어떤 필요성, 즉 "저걸 가져야겠어" 혹은 "뭔가를 해야겠어"와 같은 감정을 남기는 것이다.

이런 점을 감안하면서 슐츠 이야기의 끝부분 혹은 결말을 살펴보자. 하워드 슐츠가 이탈리아 여행 이야기와 그 후에 일어난 일을 공유할 때, 그는 결코 당신에게 스타벅스 커피를 사라거나 매장으로 오라고 말하지 않는다. 다만 그는 자신이 이탈리아에서 발견한 낭만적인 경험을 스타벅스 매장에서 재창조한 방법을 당신과 공유한다. 그는 제3의 장소에서 자신이 느꼈던 것들을 당신이 스타벅스에 걸어 들어갈 때마다 경험할 수 있도록, 어떻게 자신이 세계에서 가장 맛이 좋은 커피를 골랐고, 그 커피를 만들기 위해 최고의 기술을 활용했는지 당신에게 이야기한다. 우리가 스타벅스를 몰랐거나 가본 적이 없다고 해도 그가 이야기를 끝낼 때쯤이면 그의 '결말'은 우리에게 어떤 감정을 불러일으킨다. 그가 창조한 세계를 한번쯤은 경험해보고 싶다는 호기심이 생기는 것이다.

💬 원하고 갈망하게 만들어라

위대한 기업가 스토리텔러들은 자기 이야기를 할 때 상대방이 자신의 뜻대로 행동하도록 큰 노력을 기울이지 않는다. 최고의 영업사원이 상대에게 이것 좀 사달라고 요구하지 않는 것처럼 혹은 최고의 CEO가 투자자에게 자신이 하는 거래에 투자하라고 대놓고 말하지 않는 것처럼 말이다. 위대한 기업가 스토리텔러들은 노골적으로 '요청'하지 않으면서 목표를 달성한다.

자신의 이야기에 모든 관심을 쏟게 만들어서 이야기를 듣고 나면 그들이 요구하지 않아도 우리는 그들이 원하는 행동을 하게 된다.

컨퍼런스나 행사에 가서 어떤 창업자가 하는 이야기를 듣다가 나도 모르게 스마트폰을 꺼내 그들의 책이나 제품을 사본 적이 있는가? 혹은 누군가의 이야기에 매료돼서 그들이 요청한 적도 없는데 다른 사람에게 그들의 이야기를 들려줬던 적이 있는가? 당신이 막 발견한 회사의 제품을 가족이나 친구가 써봤으면 해서 그들에게 추천을 했던 적은? 바로 이것이 이야기의 목적이다. 고객이 행동하도록 동기를 부여하는 감정을 남기는 것이다.

나는 사업상의 필요와 스토리텔링의 목표를 쥐덫에 즐겨 비유한다. 여기서 사업상의 필요는 '쥐가 사라지길 원한다'는 것이고, 치즈는 이야기의 목표다. 당신은 나가서 쥐덫과 미끼로 사용할 치즈를 산다. 쥐가 치즈를 먹기를 원해서가 아니다. 당신은 쥐를 유인하고자 치즈를 거기에 둔다. 당신은 쥐에게 치즈를 먹으라고 '요구'하지 않는다. 쥐에게 치즈는 매력적인 음식이라서 쥐는 스스로 치즈를 먹는다. 치즈가 맛이 좋다면, 쥐가 치즈를 알아서 찾아올 것이다.

만약 쥐덫이 회사가 제공하는 제품이나 서비스고 그것이 훌륭하기만 하다면, 일단 치즈를 찾아가는 한 쥐는 쥐덫에 갇히게 될 것이다. 이야기를 하는 목적은 쥐가 미끼를 먹으러 찾아오는 것과 같이 당신이 만든 제품과 서비스를 사람들이 갈망하도록 만드는 것이다.

'할머니의 레시피'로
전 세계인의 입맛을 사로잡다

클레이튼 크리스토퍼Clayton Christopher는 기업가들에게 둘러싸인 채 어린 시절을 보냈다. 그래서 언젠가는 자기도 창업을 하리라 생각했고 그러려면 경험이 필요하다는 사실도 알았다. 그래서 그는 의료기기 판매 사업을 하는 가족과 함께 일을 하고자 텍사스로 갔다. 매장 바닥을 쓰는 일부터 시작해 심부름을 하고, 신규 영업 지역에서 매출을 2년 만에 80만 달러까지 키우면서 그는 모든 일을 경험했다. 그는 성공을 거뒀고 가족 사업을 하면서 쌓은 지식으로 무장한 상태였지만 자신이 원하는 것은 의료 장비를 파는 삶이 아니라는 사실 또한 잘 알고 있었다. 그는 여행을 더 많이 하고 뭔가 새로운 일을 시도해보고 싶었다. 그렇게 그는 자신이 가진 물건들을 정리해 플로리다주 키스Keys에 정박해놓은 작은 배로 이사했고 거기서 보트를 빌려주는 사업을 시작했다.

일을 쉴 때면 그는 종종 자동차로 앨라배마와 미시시피를 누비며 여행을 다녔다. 그러던 중 여행을 하며 들렀던 모든 식당들에서 너무 맛있는 아이스티를 팔고 있다는 사실을 발견하게 됐다. 놀랍게도 그의 할머니 미미가 만들어주던 홍차만큼이나 맛이 좋았다. 그는 그 아이스티를 좋아했지만 상점에서 파는 병 음료들 중에는 같은 맛을 내는 것을 찾을 수 없었다. 그러던 중 그는 미시시피 출신으로 '마일로의 홍차 Milo's Tea'라는 이름의 회사를 운영하는 로니 칼튼Ronnie Carlton이라는 남자의 이야기를 전해 들었다. 칼튼의 아버지 마일로는 그 지역에서 우유보다도 더 많이 팔리는 홍차를 개발한 사람이었다. 크리스토퍼는 칼튼을 만나 홍차 사업에 관해 많은 것을 배웠다. 거기서 얻은 지식과 할머니의 주방과 작은 식당에서만 찾을 수 있던 홍차에 대한 사랑을 가지고 크리스토퍼는 텍사스로 돌아가 자기만의 홍차 사업을 시작하기로 결심했다.

텍사스로 돌아온 그는 할머니의 홈메이드 스위트 아이스티 레시피를 가지고 이를 병 음료로 만들어 판매할 방법을 연구했다. 그는 레시피 개선에 많은 시간을 쏟아부었고 마침내 할머니 홍차와 똑같은 맛이 나는 레시피를 개발하는 데 성공했다. 다음 과제는 홍차의 양을 3리터에서 300리터로 늘리는 일이었다. 빠듯했던 예산 때문에 그는 혼자 차를 우려내고 병에 담고 유통시켜야 했다. 그는 랍스터를 찌는 들통에 한 번에 한 회분씩 차를 우려냈고 베갯잇을 이용해 차를 걸러냈다. 그리고 홈데포에서 구입한 정원용 호스 두 개로 병을 채웠고, 가정용 드릴로 병마개를 막았다. 말 그대로 가내수공업이었다. 또 배달을 하기 위해 어린 시절 친구로부터 주행거리가 48만 킬로미터나 되는 낡은 밴을 구입했다.

하지만 포장 상품을 판매해본 경험이 전무했던지라 그는 또 다른 어려움에 부딪혔다. 예를 들어, 그는 소매업체 및 유통업체와 연계해 제품을 매장에 공급할 때 중간에서 브로커 역할을 하는 회사들이 있다는 것을 알지 못했다. 게다가 진열대에서 가장 좋은 자리를 얻으려면 매장에 자릿세를 내야 한다는 이야기도 들어본 적이 없었고, 홍보를 위해 돈을 요구한다는 사실도 알지 못했다.

대놓고 거절당하는 일이 다반사였지만 크리스토퍼와 파트너는 계속 일을 추진했고 모든 지역 시장과 가게들을 방문하여 그들의 홍차를 공급할 수 있게 해달라고 사정했다. 그는 자신의 손으로 힘들게 만든 이 홍차가 시장에 나온 그 어떤 홍차 음료보다도 더 맛이 좋고 뛰어나다는 확신이 있었다. 그래서 그는 만나는 사람마다 할머니 미미가 했던 방식 그대로, 진짜 찻잎과 유기농 사탕수수 설탕을 넣어 만든 홍차에 대해 열심히 홍보했다.

수백 번의 거절 끝에 그는 마침내 자신의 홍차를 진열해줄 매장을 몇 군데 찾아냈고 그렇게 스위트 리프 티Sweet Leaf Tea가 공식적으로 출시됐다. 하지만 그에게 또 다른 문제가 닥쳐왔다. 판매를 위해 제품을 홍보하고 광고를 해야 하는데 예산이 전혀 없었던 것이다. 사람들이 제품을 시음하고 구매하도록 하려면 크리스토퍼는 자기가 가진 자산을 창조적으로 활용해야 했다. 하지만 그에게는 사람들이 관심을 가질 만한 멋진 이야기가 있었다. 그는 기회가 생길 때마다 그 이야기를 활용하는 것은 물론이고 병의 겉면에 그 이야기를 실어 누구나 그 이야기를 읽을 수밖에 없도록 만들었다. 그 홍차를 집어 든 사람은 예외 없이 그의 할머니에 대한 이야기, 랍스터 요리용 들통과 베갯잇과 정원용 호스에 대한 이야기를 읽게 될 참이었다. 그는 전부 천연 재료를 이용했기 때문에 시장에 나온 다른 어떤 경쟁자보다도 높은 경쟁우위를 가지고 있으며 자신이 만든 홍차가 맛이 탁월하다는 사실도 알고 있었다. 잡을 수 있는 모든 기회를 활용해 크리스토퍼와 그의 파트너는 매장 내에서 제품 시식을 하게 하고 행사와 축제 현장을 돌며 제품을 홍보하곤 했다. 사람들이 일단 맛보면 이 홍차에 빠질 수밖에 없으리란 걸 믿었기 때문이었다.

스위트 리프 티는 천천히 성장해 나가기 시작했다. 하지만 아직 뚫지 못한 소매점 한 곳이 있었으니 바로 홀푸드(미국의 유기농 식품 유통업체로 아마존이 인수했다-옮긴이)였다. 홀푸드의 바이어는 수십 번에 걸친 크리스토퍼의 전화에도 절대 회신하지 않았다. 그래도 크리스토퍼는 포기하지 않고 몇 년 동안 홀푸드에 계속 전화를 걸었다. 심지어 지역 유통센터에 접촉해서 구매 부서에서 일하는 사람과 연락을 할 수 있는지 알아보기까지 했다. 엄청난 시간과 의지가 필요했던 일이었지만 그들은 마침내 홀푸드에 입점하는 데 성공했다.

곧 홀푸드 입점이 스위트 리프 티에게는 가장 중요한 일이었다는 사실이 밝혀졌다. 5개월 만에 그들은 홀푸드의 미국 서남부를 총괄하는 사업부에서 홍차 부문 1위를 차지했고, 결국 전체 50개 주에 있는 1만 개가 넘는 매장에서 판매가 이뤄지는 세계적인 음료 브랜드가 됐다. 네슬레Nestle가 스위트 리프 티를 인수했을 때, 이 회사는 8,000만 달러가 넘는 매출을 달성하는 미국에서 가장 빠르게 성장하는 음료 회사 중 하나였다.

크리스토퍼의 사업 경로는 좌절과 도전, 실수로 점철돼 있었지만 이 경험들은 그가 어려운 시간을 헤쳐 나가도록 도와줬고, 회사를 키우고 성공을 향해 조금씩 나아가는 방법을 알려줬다. 이 경험들이 후일 이야기 소재로 사용된 것은 물론이다.

💬 목적에 따라 이야기는 달라져야 한다

나는 성공적인 스타트업 창업자들이 출연하는 프로젝트 영상을 제작하면서 수년 동안 최소 열 번 이상 크리스토퍼의 모습을 카메라에 담았다. 오스틴에서는 그가 40개의 행사장을 돌며 연설하는 모습을 가까이서 보기도 했다. 크리스토퍼는 회사와 제품에 대해 이야기할 때마다 어떻게 스위트 리프 티가 탄생했고 이 회사를 독특하게 만드는 것은 무엇인지에 관해 공유한다. 모든 제품의 겉면에 할머니의 홍차 레시피와 베갯잇, 정원용 호스, 랍스터 찜통을 동원해 스스로 제품을 개발했음을 분명하게 이야기한다.

크리스토퍼는 듣는 사람이 누구냐에 따라 이야기를 다양한 방식으로 활용할 수 있다는 점 역시 경험으로 체득했다. 소비자들에게 그냥 "이 홍차를 사세요"라고 말하는 방식은 효과가 없었다. 그 대신 크리스토퍼는 그의 표현에 따르자면 '소비자와 연애'하는 방법을 배웠다. 미미 할머니의 레시피를 활용해 이런 훌륭한 홍차를 개발하게 된 방법에 관한 이야기는 사람들이 사랑하는 강력한 서사였다. 그는 이 이야기로 무장한 채, 자신이 찾아낸 모든 영세한 식품점들을 방문했다. 곧 모든 구매 담당자는 스위트 리프 티를 팔고 있었고, 고객은 친구에게 그 차를 사라고 권하고 있었다. 크리스토퍼는 할머니의 레시피 이야기를 쥐덫에 놓인 한 조각의 치즈처럼 이용했다. 그는 이 이야기를 이용해 자신의 홍차가 할머니의 홍차만큼 훌륭한 맛을 낸다고 사람들을 설득했고 결국 사람들은 그 차를 구매했다.

투자자들과 이야기를 할 때면, 그는 미 전역에 병으로 된 차 음료를 파는 브랜드가 매우 많지만 어째서 집에서 만든 맛과 향이 나는 것은 없는지, 그리고 스위트 리프 티가 그런 맛을 내는 유일한 브랜드라는 점에 초점을 맞춘다. 여기에 그는 어떻게 스위트 리프 티의 '홈메이드 레시피'가 두 남자의 수작업을 통해 직접 개발됐는지에 대한 이야기를 엮어서 설명한다. 이 이야기는 시장에 나와 있는 다른 브랜드들과 스위트 리프 티를 차별화하는 데 도움이 됐을 뿐만 아니라 '수제 프리미엄'으로 더 비싼 가격을 책정할 수 있도록 해줬다.

이야기를 듣는 대상이 언론이라면 크리스토퍼는 기자와 독자가 즐길 만한 이야기를 들려줬다. 랍스터를 찌는 들통에 홍차를 우려내면서 생긴 뒷이야기 같은 것 말이다. 이 이야기는 독자들이 공감하면서 즐길 수 있게 하는 데 정확하게 필요한 소재를 기자들에게 제공했다.

나아가 크리스토퍼는 창업자로서 자신이 해야 할 일이 팬과 공급 업체, 파트너들에게 이야기를 확대 재생산할 수 있는 방법을 만들어주는 것임을 깨달았다. 그렇게 병의 겉면에 붙어 있던 스위트 리프 티에 대한 이야기는 음악 행사나 축제에 소재로 쓰이고 브랜드명이 적힌 티셔츠나 스카프 등을 만들어 판매하면서 그들은 재미있는 브랜드 이미지를 더 강화했다. 이런 사풍과 브랜드 이미지는 제품을 판매하는 데 도움이 된 것은 물론, 직원을 고용할 때도 그 효과를 발휘했다. 사람들은 이렇게 쿨하고 '힙한' 브랜드의 일부가 되고 싶어 했고, 어떻게 고객들의 관심을 끌 수 있을지 창의적으로 고민하고 싶어 했다.

내가 생각하는 스토리텔러로서 크리스토퍼의 가장 큰 매력은 그가 다양한 사람들을 대상으로 그들이 흥미로워할 만한 이야기를 선택적으로 들려줬다는 데 있다. 사업상의 필요에 따라 그는 그때그때 핵심적인 창업 이야기를 수정할 줄 알았다. 이처럼 크리스토퍼는 사업상의 필요를 충족시키는 데 이야기의 힘과 적응력이 어떻게 도움을 줄 수 있는지 우리에게 아주 잘 보여준다.

START
WITH
ST$RY

제4장

끌리는 이야기의
여섯 가지 유형

기업가들이 자신만의 이야기를 만들 수 있도록 코칭하고 그 작업을 돕기 위해 SoFE 프레임워크를 개발하면서, 나는 특정한 유형의 기업가 이야기가 반복해서 등장한다는 사실을 알아차렸다. 그러자 거기에 어떤 패턴이 존재하는지 알고 싶어졌다. 나는 분석하던 창업자 수천 명의 명단을 살펴본 다음 상위 200명을 추려냈다. 그런 다음 이 일류 중의 일류에 속하는 기업가 스토리텔러들을 대상으로 내가 세운 패턴 가설을 테스트해봤다.

특정한 패턴을 찾기 위해 나는 먼저 그들의 이야기를 그룹별로 범주화하는 작업에 들어갔다. 그리고 그 범주들 속에서 계속 등장하는 특정한 용어와 문구가 있다는 점을 알아냈다. 기업가들은 종종 자신이 회사를 어떻게 창업하게 됐는지 이야기하거나 깨달음을 얻은 특정한 순간에 대해 이야기하곤 했다. 자신에게 일어난 재앙에 가까운 실패나 쓰라린 경험을 이야기해준 이들도 있었다. 자신이 발견한 더 깊은 차원의 의미가 어떻게 창업으로 이어졌는지 말해준 사람들도 있었다. 나는 거의 모든 이야기를 다음 여섯 유형으로 나눌 수 있다는 사실을 발견했다. 바로 '기원 이야기', '깨달음의 순간', '쓰라린 경험', '이유의 발견', '문제 해결', '빅 아이디어'라는 유형이었다.

이들 여섯 유형은 어떤 사업에서나 발생하는 흔한 경험을 담고 있다. 이 이야기들은 회사가 겪게 되는 모든 단계 그리고 상상할 수 있는 모든 산업에 적용 가능하다. 또한 이 이야기들은 검증됐고 보편적이며 우리에게 친숙하다. 그리고 제대로만 만들어진다면 이런 유형의 이야기에는 항상 설득력이 있다. 그러므로 SoFE 프레임워크와 합쳐진다면 이런 유형들은 이야기를 창조하기 위한 강력한 참조틀로 활용될 수 있을 것이다.

💬 시작에 대한 이야기

시작 이야기 혹은 기원 이야기란 당신이 어떤 아이디어를 바탕으로 제품을 만들거나 회사를 창업하도록 만들었던 사건이 일어난 경로를 의미한다. 단순하게 배경 이야기라고도 불린다. 명칭만으로도 어떤 이야기인지 정확하게 유추할 수 있기 때문이다. 기원 이야기는 당신의 아이디어나 회사, 제품이 어떻게 존재하게 됐는지 알려주는 이야기며 회사의 전 생애와 그 이후까지도 활용될 수 있는 유형의 이야기다. 사람들은 누구나 기원 이야기를 제일 궁금해 한다. 당신이 어떻게 창업할 아이디어를 생각해냈는지 그리고 그곳에 도달하기 위해 어떤 행동을 취했는지 알고 싶어 한다. 비록 이 이야기를 주된 소재로 활용하지 않는다고 해도 어떻게 창업을 하게 됐느냐는 질문은 언제나 받을 수 있는 질문인 만큼 창업 도구상자에는 괜찮은 기원 이야기가 하나쯤은 구비돼 있어야 한다.

드류 휴스턴Drew Houston의 이야기는 엄청난 성공을 거둔 스타트업의 기원 이야기로서 훌륭한 사례라고 할 수 있다. 막 대학을 졸업했던 휴스턴은 보스턴에 살면서 온라인 강좌를 제공하는 소프트웨어 회사를 창업하려고 열정적으로 일하고 있었다. 어느 주말, 친구를 만나러 뉴욕에 가고 싶었던 그는 돈도 아끼고 노트북으로 일도 할 겸 편도로 네 시간이 걸리는 버스를 타기로 했다.

하지만 보스턴을 출발해서 뉴욕으로 향하는 버스에 앉아 가방을 열었을 때, 그는 필요한 모든 파일이 담긴 USB 드라이브를 집에 두고 왔다는 사실을 깨달았다. 5분 동안 완벽한 좌절을 경험한 후, 그는 자신이 어디 있건 상관없이 자신의 파일에 원격으로 접속할 수 있는 방법을 찾아내겠다고 결심했다. 그때의 좌절은 그에게 인터넷만 연결되면 누구나 자신의 파일에 접속할 수 있게 해주는 온라인 솔루션을 개발하도록 만들었다. 이렇게 해서 탄생한 회사가 바로 우리가 잘 아는 드롭박스^{Dropbox}다. 오늘날 드롭박스는 180개국에 걸쳐 등록된 사용자 수가 5억 명에 육박하며 매년 10억 달러 이상의 매출을 달성하고 있다.

드류 휴스턴의 이 이야기는 기원 이야기의 핵심을 잘 짚어준다. 그는 버스에 올랐고 USB를 가져오지 않았고 해결책을 생각해냈다. 여기서 방대한 세부 사항은 필요하지 않으며 단순히 회사의 출발을 이끌었던 사건을 다시 설명하기만 하면 된다.

💬 깨달음의 순간에 대한 이야기

사람들이 좋아하는 두 번째로 흔한 유형은 우리가 '아하' 하고 깨닫는 순간에 관한 이야기다. 이런 서사는 삶의 어느 순간에 밝혀진 사실에 초점을 맞춘다. 깨달음의 순간은 당신의 회사가 추구하는 아이디어나 제품, 서비스와 연결된 심오한 통찰이나 돌파구, 계시 등을 의미한다. 이런 순간들이 가진 위대한 측면 중 하나는 대중들이 이런 '유레카'의 순간들을 매우 사랑한다는 사실이다. 그들은 필연적으로 다음에 일어난 일을 알고 싶어 하고 그렇게 더 많은 사람들이 이야기 속으로 끌려 들어가게 된다.

버틀러 가방^{Butler Bag}의 창업자인 젠 그루버^{Jen Groover}는 쌍둥이를 둔 엄마였다. 아이들이 어렸을 때, 그녀는 신용카드나 열쇠,

립스틱을 찾기 위해 끊임없이 핸드백을 뒤엎어야 했다. 식료품점에 간 어느 날, 그녀는 가방에서 카드를 찾기 위해 늘 그랬듯이 쌍둥이를 안은 채 계산대 위에 가방의 내용물을 전부 쏟아부었다. 뒤에 길게 줄을 서 기다리던 사람들이 그녀에게 화를 냈지만, 그녀에게는 가방을 뒤엎는 것 외에 다른 선택이 없었다. 그 사건을 겪으면서 그녀는 생각했다. '물건을 쉽게 찾을 수 있는 더 나은 가방 정리 방법이 어디 없을까?' 그녀는 몇 달 동안 그때의 경험과 더 나은 가방 정리 방법에 대해 고민을 거듭했다. 그러던 어느 날 식기세척기에서 그릇을 꺼내 정리하던 그녀는 조리기구들이 칸막이로 구분된 바구니에 가지런히 정리된 모습을 보게 됐다.

그녀에게 곧 아이디어가 떠올랐다. 그녀는 가방을 비운 다음, 식기세척기의 조리기구 바구니를 꺼내 가방 안에 넣었다. 그런 다음 가방 속의 내용물을 전부 그 바구니 안에 넣고 모두 정리했다. 바로 그 깨달음의 순간에 버틀러 가방의 시제품이 탄생한 것이다. 그루버는 특허 신청과 제조 절차에 착수하면서 가는 곳마다 자신의 '새 디자인 가방'을 들고 다니기 시작했고 만나는 사람마다 자신의 경험을 들려주기 시작했다. 깨달음의 순간에 관한 이야기를 반복해서 공유할 수 있었던 그루버의 능력 덕택에 그녀의 이야기를 들은 사람들은 그녀가 만든 제품에 푹 빠질 수밖에 없었다. 그루버는 영업 첫해에 100만 달러가 넘는

매출을 달성했고, 두 번째 해에는 1,000만 달러가 넘는 매출을
올렸다.

💬 쓰라린 경험에 관한 이야기

쓰라린 경험에 대한 이야기는 대개 당신이나 당신이 아는 누군
가가 경험한 커다란 실패, 개인적인 아픔, 사업상의 재난, 매우
난감했던 순간 등에 초점을 맞춘다. 이런 유형의 이야기가 언제
나 자연스럽게 공유되지는 않는다. 보통 사람들이라면 드러내
기를 불편해 하는 어떤 것을 묘사해야 하기 때문이다. 하지만
바로 그 지점에 이런 이야기가 가지는 힘이 있다. 취약함을 인
정하고 실패에 관한 세세한 이야기를 상대방에게 들려줌으로
써, 당신은 다른 종류의 이야기를 할 때보다 더 깊은 수준에서
그들과 유대감을 형성할 수 있다.

　몇 해 전, 칼리 로니$^{Carley\ Roney}$와 그녀의 남편, 그들의 친구 몇
명은 한 광고대행사에서 일하면서 당시 떠오르고 있던 인터넷
의 장점을 활용해 온라인 사업을 하고자 시도 중이었다. 그들은
뉴욕의 한 카페에 앉아 있었는데, 친구 한 명이 로니와 남편을
향해 이렇게 말했다. "이봐, 너희들 최근에 결혼했잖아. 웨딩 산
업과 관련된 뭔가를 해보는 건 어때?" 로니는 눈을 치켜뜨고 이

렇게 말했다. "난 그건 절대 안 할 거야."

그녀가 그렇게 격한 반응을 보인 이유는 그녀의 결혼식 준비 과정이 완전히 재앙이었기 때문이다. 그녀는 낯선 도시에서 7주 동안 결혼식을 준비해야 했고, 예산은 매우 한정돼 있었다. 로니와 그녀의 남편은 뉴욕이 10년 만의 폭염을 기록한 7월의 어느 날, 에어컨도 없는 루프탑에서 결혼식을 올렸다. 그녀에게는 결혼식 날의 모든 경험이 끔찍한 악몽이었고, 잊어버리고 싶은 날이었다. 그녀는 그 경험을 반복해서 되새기고 싶지 않았고, 하물며 결혼식과 관련된 사업을 시작하는 것은 더더욱 싫었다. 하지만 하루가 지나고 이틀이 지나자 그녀는 친구가 한 말을 다시 생각해보기 시작했다. '그렇지, 나한테는 악몽 같은 경험이었어. 하지만 동시에 난 다른 여성들이 그런 일을 겪지 않기를 바라지. 결혼식이 너무나 끔찍했으니까. 원래는 내 삶에서 가장 기억할 만한 날이 됐어야 하는데.' 다음 날 그녀는 친구들을 다시 만나 이렇게 말했다. "재난 같던 내 결혼식 준비 경험을 이야기로 바꿔서 미래의 신부들이 나와 같은 운명에 처하지 않도록 돕고 싶어."

로니가 결혼식에서 겪은 재난은 지금은 우리가 더낫The Knot으로 알고 있는, 예비 신부들에게 결혼식 계획을 세우도록 도와주는 온라인 회사의 탄생으로 이어졌다. 로니는 자신의 쓰라린 경험을 브랜드 구축을 위한 기반으로 활용했다. 그녀가 기꺼이 자신의 경험을 공유했기에 여성들은 그녀를 신뢰했다. 소비자들은 자신이 겪은 쓰라린 경험을 다른 사람들은 겪지 않기를 바란다는 로니의 이야기에서 진정성을 보았고 이를 높게 평가했다. 오늘날 더낫은 미국과 중국에서 영업을 하고 있으며 그 가치가 1억 3,000만 달러에 달한다고 평가받는다. 더낫은 여기서 더 나아가 임산부들을 대상으로 정보를 제공하는 웹사이트인 네스트The Nest와 범프The Bump라고 불리는 두 개의 브랜드도 보유하고 있다.

💬 이유의 발견에 대한 이야기

이유의 발견에 대한 이야기는 당신이 그 일을 하는 '이유'와 당신이 '어떤 가치'를 제공하는지에 초점을 맞춘다. 당신의 아이디어에 생명을 불어넣도록 이끌어준 원동력에 관한 이야기다.

　　베스트셀러 작가이자 연설가인 사이먼 사이넥Simon Sinek은 저서인 『나는 왜 이 일을 하는가』를 통해 많은 사람들에게 이 개념을 알렸다. '이유'는 종종 삶을 바꿔놓는 경험을 통해 드러나며 그 사람의 자아 속에 깊게 층층이 쌓여 있다. 이유를 공유한다는 건 상대방의 마음을 얻는 일과도 같다. 당신이 그 이유에 대해 느끼는 감정, 생각, 좌절, 기쁨에 초점을 더 많이 맞추면 맞출수록 상대방의 감정에 더 가깝게 다가갈 수 있을 것이다. 누구나 자신에게 주어진 소명을 발견하는 심오한 순간을 경험하진 않겠지만 어떤 사람에게는 그런 순간이 존재한다.

애덤 브라운Adam Braun은 넓은 세상을 보고 싶었다. 홀로코스트 생존자의 손자이자 모잠비크에서 입양된 남동생들이 있었던 그는 탐험을 좋아하는 사람이었다. 대학을 다니던 그는 전 세계를 경험해보려고 '유람선 대학Semester at Sea'이라는 프로그램에 지원해 6개월간의 항해를 떠났다. 항해가 시작된 지 13일째 되던 날, 배는 18미터에 달하는 높은 파도를 만났고 그 파도는 내비게이션을 비롯한 배의 중요 부분들을 한순간에 부숴버렸다. 엔진은 동력을 잃었고 사람들은 패닉에 빠졌다. 한겨울에 육지에서 1,400킬로미터나 떨어진 곳에 있던 그 배는 확성기로 자동 구조 신호를 발신했다. 사람들은 차가운 물속으로 뛰어들어야 하는 상황이 오지 않을까 걱정하면서 계단으로 몰려 올라갔다. 거기에 있던 모두가 자신이 죽을 거라고 생각했다.

바로 그 순간 브라운은 자신이 죽는다면 남기게 될 유산이 무엇일지 생각해볼 수밖에 없었다. 그는 먼저 자신의 존재 이유에 대해 생각하기 시작했고, 자신이 늘 다른 사람의 삶을 낫게 만들어주는 인생을 살고 싶었다는 사실을 깨달았다. 난파될 것 같았던 배는 기적적으로 수리가 됐고 모두가 무사히 집으로 돌아올 수 있었다. 이후 그는 자기만의 '삶의 이유'를 찾고자 또다시

50개국을 여행했다. 단순히 사진을 찍고 기념품을 수집하는 게 아닌 가장 가난한 지역 중 몇 곳을 방문해 아이들과 시간을 보내는 여행이었다. 그는 아이들에게 질문하기를 좋아했는데 그 중에서도 특히 즐겨했던 질문은 이거였다. "세상에서 뭐든지 가질 수 있다면 뭘 갖고 싶니?" 그의 질문에 아이들은 종종 아이패드나 TV 같은 물건을 말하거나 마술을 하고 싶다고 대답하곤 했다. 하지만 어느 날 한 아이의 대답이 그의 인생 여정을 바꿔놓았다. 그 아이는 이렇게 말했다. "저는 공부를 할 수 있도록 연필 한 자루를 갖고 싶어요." 브라운은 그 아이에게 자신의 연필을 줬고, 교육이나 학교를 접할 수 없는 전 세계 수백만 명의 아이들이 처한 곤경에 대해 생각하게 됐다. 그 순간 그는 자신의 소명을 발견했다. 그는 가난한 나라의 아이들도 교육의 혜택을 받을 수 있도록 하는 방법을 찾겠다고 결심을 했다. 그 순간부터 브라운은 여행길에서 만나는 아이들에게 주기 위해 어디를 여행하건 연필을 가지고 다니기 시작했다.

여행이 끝난 후, 브라운은 유명 회사의 컨설턴트가 됐지만 언젠가 전 세계 아이들에게 교육의 기회를 주는 기관을 만들겠다는 꿈은 버리지 않았다. 그렇게 2년이 지나 25살이 되던 해의 생일에 그는 은행 계좌를 개설해 25달러를 예치하고 '약속의 연필Pencils of Promise'이라는 이름의 비영리조직을 출범시켰다. 그는 생일파티에 온 손님들에게 학교 설립을 위한 돈을 기부해달라고 부탁했다. 그의 파티에 모인 400명에 달하는 손님들은 평균 25달러씩을 기부했다. 그는 그날 저녁의 일로 매우 고무됐고 그 아이디어를 계속 추진했다. 그리고 1년 후 그 모험에 더 몰두하기 위해 많은 월급을 받던 컨설팅 회사를 그만뒀다. 현재까지 약속의 연필은 아프리카, 아시아, 남아메리카에 400개의 학교를 세웠다. 그들은 100시간마다 학교 하나를 더 짓기 위한 공사에 착수한다. '이유'를 찾기 위해 자신의 마음이 원하는 바를 따랐던 브라운은 이제 약속의 연필에 관해 말하게 될 때마다 그 이야기를 공유할 수 있게 됐다.

💬 문제 해결에 대한 이야기

문제 해결에 대한 이야기는 믿을 수 없을 정도로 흔하고 단순하다. 이 이야기들의 대부분은 사업이 왜 생겨났는지에 초점을 맞춘다. 누군가가 문제 상황에 봉착했는데 자신들이 해결책을 생각해냈고 그 해결책을 사업으로 만들었다는 식이다. 그 문제가 더 고통스러운 것일수록 고객에게는 더 바람직한 해결책이 된다. 그리고 문제의 해결책이 더 좋을수록 그 이야기는 더 큰 영향력을 가진다.

구글에 다니던 벤 실버맨Ben Silbermann은 자신이 항상 하고 싶었던 일을 찾아 2008년 회사를 나왔다. 그 일은 바로 다른 사람이 가치 있다고 여길 만한 무언가를 만들어 자신만의 회사를 창업하는 것이었다. 그것이 무엇인지 정확하게 확신하지 못했지만 그는 2년 동안 다양한 프로젝트를 수행했고, 사람들에게 물건을 사도록 독려하는 앱을 만드는 일에 열정을 쏟아 부었다. 그 앱은 결국 실패로 돌아갔지만 거기서 그는 흥미로운 사실 한 가지를 발견했다. 사람들이 관심 가는 제품을 나중에 다시 살펴볼 요량으로 제품 사진을 자기 이메일로 보낼 때 그 앱을 사용했다는 사실이었다.

실버맨과 그의 팀은 무엇이 잘못됐는지, 그리고 다음에 무엇을 해야 할지 고민했다. 제품을 나중에 살펴본다는 아이디어는 그에게 어린 시절 수집 활동에 관한 기억을 번뜩 떠오르게 했다. 실버맨은 어린 시절부터 뭔가를 수집하는 데 관심이 많았다. 그는 나비와 우표, 책 등을 수집했고 그걸 친구들과 공유하는 데 즐거움을 느끼곤 했다. 그렇다면 온라인에서도 이러한 수집 욕구를 채워줄 수 있는 뭔가를 만들면 좋지 않을까? 그는 다른 사이트들을 살펴봤고 온라인에서 내가 좋아하는 수집품들을 다른 사람과 공유할 수 있는 단순하고 매력적인 사이트가 없다는 사실을 알게 됐다. 온갖 소셜 미디어 플랫폼들이 급속도로 성장하고 있음에도 불구하고, 실물 수집에서처럼 수집가들이 자기가 어떤 사람인지 전시할 수 있는 온라인 솔루션은 없었다.

실버맨과 그의 팀은 사람들이 자신의 영감을 게시하고 이를 전 세계인과 공유할 수 있는 웹사이트를 만들기로 결정했다. 그리고 사이트 이름을 핀터레스트Pinterest라고 붙였다(핀pin과 인터레스트interest의 합성어로 이미지를 공유하고 검색할 수 있는 소셜 네트워크 서비스 플랫폼. 핀 보드에 핀을 꽂아 사진을 붙이듯 관심사인 이미지나 영상을 게시하고 다른 사람들과 공유한다 – 옮긴이). 그들은 적당한 디자인을 고안하는 데 다음 1년을 보내면서 50개 이상의 웹사이트 버전을 시도했다. 마침내 작업을 끝낸 그들은 그 사이트를 발표하면서 자신이 아는 모든 사람에게 이메일을 보냈다.

하지만 시작은 더뎠다. 그러나 온라인에 '수집 장소'를 구축한다는 솔루션이 대단한 아이디어라고 확신했던 실버맨은 모든 사용자에게 개별적으로 자신의 사이트를 이용해줘서 고맙다는 메일을 보냈다. 상황을 개선하기 위해 그는 즉석 만남을 개최해 사용자들에게 그들의 친구들과 사이트를 공유해보라고 독려하기도 했다. 그들은 차근차근 사용자층을 구축했고 곧 핀터레스트 사이트의 인기는 폭발했다. 디자이너들은 끝없이 뭔가를 발견할 수 있다는 요소를 사랑했고, 수집가들은 가상 사진 전시대를 만들고 구성할 수 있다는 점을 좋아했다.

실버맨은 한 가지 문제, 즉 온라인에서 수집품을 전시하는 방법이 없다는 사실을 발견했다. 그리고 매력적인 방식으로 수집품을 보여줄 수 있는 웹사이트를 제공함으로써 해결책을 제시했다. 이제 수집가들은 자신의 온라인 수집품들을 인쇄할 수 있게 됐고, 이들 수집품들을 찾아내고 감상하고 평가할 팬들을 모을 수 있게 됐다.

지금의 핀터레스트가 된 이 문제의 해결 방안은 현재 이용하는 사용자들만 해도 2억 5,000만 명에 달한다. 인터넷을 사용하는 모든 미국 여성들 중 20퍼센트가 핀터레스트에 가입했고 모든 사용자 중 약 4분의 1이 최소한 하루에 한 번은 이 사이트를 이용한다. 핀터레스트는 하루에 500만 개의 핀을 받고 있으며 매월 25억 뷰 이상을 기록한다.

💬 빅 아이디어에 관한 이야기

빅 아이디어에 관한 이야기는 다른 이야기들과 달리 대개 미래와 그 장대한 비전에 초점을 맞춘다. 빅 아이디어 이야기는 듣는 사람에게 앞으로 가능한 일들에 관한 그림을 그려주고, 만약 그들이 열린 마음만 갖고 있다면 어떤 것이든 실현시킬 수 있다고 믿도록 영감을 주기 위해 설계된 이야기다. 이런 유형의 이야기가 성공적이려면 사람들에게 신뢰감을 주는 뛰어난 웅변 기술이나 엄청난 경력이 요구되지만 빅 아이디어를 가지고 있는 사람이라면 누구든 이를 활용할 수 있다.

제프 베이조스는 1994년도에 월 스트리트의 한 헤지펀드 회사에서 일하고 있었다. 그는 매년 웹 사용량이 2,300퍼센트씩 증가한다는 통계를 보고 깜짝 놀랐다. 그는 그 인터넷 세계의 성장세에 마음을 빼앗겼고, 자신이 일하던 헤지펀드의 파트너들을 대상으로 설명회를 개최했다. 그는 회사가 이런 성장세를 활용해 기회가 가장 큰 분야에서 온라인 사업을 시작해야 한다고 생각했다. 그 당시 제프 베이조스가 가졌던 통찰력을 가진 사람은 아무도 없었고 헤지펀드 사람들은 모두 그 아이디어를 흘려들었다.

온라인 사업에 투자하도록 회사를 설득하는 데 실패한 베이조스는 옛날 동화에 나오는 이야기처럼 거울을 들여다보면서 여든 살이 됐을 때 무엇을 더 후회하게 될지 자문했다. 인터넷에 있어서는 무법천지인 서부에서 회사를 차릴 기회를 지나쳐버린 것과 편안하고 명망 있는 월 스트리트를 떠난 것 중에 말이다. 베이조스는 인터넷에 존재하는 기회를 잡지 않은 것을 더 후회할 거라는 결론을 내렸다. 그렇게 그는 회사를 그만두고 부인과 함께 차에 올라 말 그대로 서부로 향했다. 그런 다음 다가올 것이 분명한 인터넷의 폭발로 파괴될 산업 분야를 찾기 위해 수직적 시장verticals(유사한 제품이나 서비스를 유사한 방법으로 개발하고 마케팅하는 기업이나 산업들 – 옮긴이)들을 조사하기 시작했다. 그리고 목표로 삼을 최고의 시장은 바로 도서 시장이라는 사실을 발견했다. 그는 사업계획서를 작성했고 시애틀로 향했다. 시애틀에 가면 전국에서 가장 큰 도서 도매 업체 한 곳에 쉽게 접근할 수 있기 때문이었다. 게다가 시애틀은 함께 일할 수 있는 컴퓨터 프로그래머들이 무척 많았다.

베이조스와 그의 아내는 시애틀 교외에 침실 두 개짜리 집을 임대해 차고에 사무실을 꾸렸다. 그는 사업 시작에 필요한 초기 자본을 투자해달라고 가족과 친구들을 설득했고, 홈데포에서 구입한 60달러짜리 문짝으로 만든 테이블에 세 대의 컴퓨터를 설치했다. 그렇게 차고에서 그와 그의 팀은 온라인으로 책을 살 수 있는 새로운 웹사이트를 구축했다. 일단 사이트가 가동되자 그와 직원들은 책을 포장하고 주소를 붙이고 배송하면서 차고를 개조해 만든 사무실에서 쉬지 않고 일했다.

1995년 7월, 그는 그 사이트를 대중에게 공개했다. 사이트의 이름은 세계에서 가장 큰 강의 이름을 딴 아마존닷컴이었다. 이 매장을 세계에서 가장 큰 매장으로 만든다는 것이 베이조스의 계획이었기 때문이다. 한 달이 지나자 그들은 50개 주 전역과 45개국에서 책을 팔게 됐다. 그들은 곧 어느 누구도 예상하지 못한 속도로 성장하면서 매주 2만 달러어치의 책을 판매하기 시작했다.

베이조스에게 빅 아이디어는 관심 있는 어떤 책이든 온라인에서 검색할 수 있다면 고객이 서점으로 갈 필요가 없다는 것이었다. 소비자들은 자신에게 이런 서비스가 필요한지조차도 몰랐지만 베이조스는 취향에 맞는 완벽한 책을 찾기 위해 온라인에서 쇼핑할 수 있다는 매력적인 그림을 완성했다. 오늘날 아마존은 매년 미국 온라인 전체 매출의 34퍼센트에 해당하는 1,780억 달러 이상의 매출을 발생시키는 세계에서 가장 큰 온라인 소매업체가 됐다.

START
WITH
ST$RY

제5장

평범한 이야기도
돋보이게 만드는 팁

바깥세상은 소란스럽다. 게다가 관심을 더 오래 받고, 소비자의 마음을 조금이라도 더 차지하려고 경쟁하는 기업의 숫자는 그 어느 때보다 많다. 미국만 해도 어느 정도의 기업가 활동에 참여하고 있는 사람들이 하루에 4,000만 명이 넘는다고 한다. 어윙 마리온 카우프만 재단Ewing Marion Kauffman Foundation이 발표하는 카우프만 스타트업 활동지수Kauffman Index of Startup Activity의 가장 최근 수치를 보면 미국에서만 매달 약 54만 개의 새로운 기업이 생겨난다. 이런 현실 때문에 창업가가 사업 자체로 돋보일 방법을 찾기란 점점 어려워지고 있다. 이 세상에 끊임없이 쏟아져 나오는 새로운 아이디어들과 함께 있으면 그 아이디어들은 모두 똑같이 들리기 시작한다.

사업을 시작하는 사람이라면 누구나 마음속 저 깊은 곳에서 우리 회사는 멋지게 성공할 거라고, 지구상의 어떤 회사와도 다르고 독특하다고 믿는다. 물론 당신은 그렇게 믿어야 한다. 그렇지 않다면 왜 창업을 하려고 이 모든 피와 땀, 눈물을 쏟고 있겠는가. 하지만 당신의 회사가 이렇게 많은 콘텐츠 속에서 돋보일 거라고 믿는다는 사실이 반드시 그렇게 되리라는 것을 의미하지는 않는다. 여기서 당신의 스토리가 중요해진다.

창업을 둘러싼 수많은 콘텐츠 속에서 돋보이는 이야기는 세상에 나와 있는 다른 모든 사업과 제품, 서비스, 기업가들과 당신을 구별할 수 있게 해준다. 그래서 이 장에서는 이야기를 만드는 작업에 들어가기 앞서 성공적인 이야기를 만들기 위해 알아두어야 할 특별한 요소 몇 가지를 공유하고자 한다.

💬 개인적인 이야기로 만들라

성공적인 이야기를 만들기에 가장 좋은 출발점은 바로 당신 자신이다. 지구상에 존재하는 70억 개의 영혼들 중에서 당신과 똑같은 경험을 한 사람은 하나도 없다. 그리고 그것이 당신 이야기를 진정으로 독특하게 만드는 이유다. 개인적인 이야기를 만든다는 것은 그 사실을 기회 삼아 활용한다는 의미다. 전통적인 비즈니스 사고방식에 따르자면 사업과 개인적인 삶은 구별되어야 하겠지만 이야기에 관해서만큼은 정반대다. 기업가정신은 100퍼센트 개인적인 것이며 당신의 이야기도 마찬가지다. 사업을 시작할 때 당신은 회사에 모든 것을 건다. 회사가 곧 당신이다. 당신이 나타나지 않으면 아무 일도 이루어지지 않는다. 당신은 그 벤처에 모든 시간과 에너지, 명예를 투입한다. 이것은 당신이라는 한 개인에 관한 일이다. 개인적이 되는 것을 피할 필요는 없다.

개인적인 이야기는 더 이상 평범하지 않기 때문에 공감대를 형성할 가능성이 더 높아진다. 개인적인 이야기는 공감대를 형성함으로써 비즈니스라는 장애물을 넘어서 상대방에게 스며들 수 있는 감정을 불러일으킨다. 상대방은 화자인 당신을 더 이상 낯선 사람으로 보지 않는다. 당신은 곧 그들이 아는 누군가가 된다. 제품이나 아이디어, 회사보다 사람과 연결 고리를 만드는 편이 훨씬 쉽다. 개인적인 경험을 다 듣고 나면 상대방은 당신이 느낀 감정을 느끼고, 당신이 본 것을 보고, 당신이 살았던 삶을 살게 된다.

여기서 상대방에게 '개인적이 된다'는 말이 모든 불쾌한 세부 사항을 시시콜콜 공유하라는 뜻은 아니다. 이야기를 듣는 사람은 상담자가 아니다. 당신이 경험한 일들이 사업의 '왜', '어떻게', '무엇을'과 어떻게 연관되는지 이해할 수 있을 정도로만 알면 된다.

버틀러 가방의 창업자인 젠 그루버가 카드를 찾기 위해 가방 속 내용물을 전부 쏟아 부어야 했다고 말할 때, 그녀는 자신이 겪었던 좌절의 순간으로 당신을 데려간다. 그루버가 그 경험을 공유할 때마다 듣는 사람은 그녀와 그 여정을 함께한다. 양팔에 쌍둥이를 안고 식료품점 안에 들어갈 때부터 계산대 위에 가방을 뒤집어 내용물을 부을 때, 그리고 인내심을 잃은 모든 사람이 그녀를 경멸하며 쳐다볼 때까지 말이다.

그녀는 왜 해결책이 필요했고 왜 그 답을 찾으려고 노력하면서 그 후 6개월을 보냈는지 상대방에게 이해시키기 위해 그 경험을 공유한다. 그녀는 일기장에 어떤 메모를 남겼는지, 가능한 선택지를 찾아서 어떻게 모든 곳을 헤맸는지, 그러던 어느 날 어떻게 완벽한 해결책을 찾았는지 말해준다. 식기세척기 속 그릇을 정리하던 중에 우연히 조리기구 바구니와 그 내부의 완벽한 구성을 발견했고 가방에 그 바구니를 넣어보고 해답을 찾았다는 것이다. 그루버는 이렇게 말할 수도 있었다. "저는 카드를 쉽게 찾고 립스틱을 빨리 꺼낼 수 있도록 가방을 정리하는 더 좋은 아이디어를 생각해냈습니다." 하지만 그녀는 그렇게 하는 대신, 좌절감을 주었던 개인적인 삶의 모든 세부 사항들을 공유했다. 가방을 들고 다니는 여성이라면 그녀의 좌절감에 진심으로 공감할 수 있는 만큼 그들은 그녀의 이야기와 즉시 사랑에 빠지게 된다.

그녀의 독특한 경험은 다른 사람과 그녀를 차별화시킨다. 나는 그루버에게 창업 초기 단계에 그 이야기를 다른 사람들과 몇 번이나 공유했는지 물어봤다. 그녀는 "수천 번이요"라고 답했다. 그 제품과 이야기에 상대방이 너무나 잘 공감할 수 있었기에, 결국 그녀의 이야기는 집에서 똑같은 해결책을 찾고 있는 수백만 명의 사람들과 이를 공유하고 싶어한 QVC 방송국에 안착했고, QVC와 버틀러 가방 브랜드 양쪽 모두의 매출을 올려줬다.

🗨 틈새시장을 개척하라

창업가의 길에 막 들어서서 처음으로 투자자들을 대상으로 사업설명회를 준비하고 있을 때였다. 한 어드바이저의 조언이 내 마음에 울림을 남겼고 그 후로 나는 그 조언을 절대 잊지 않았다. 그는 추구하는 목표시장을 파악하고 왜, 그리고 어떻게 내가 그 공간을 장악할 것인지 명확하게 표현해야 한다고 단호하고 말했다. 경영대학원에서 비슷한 개념을 들은 적은 있지만 투자자들에게 돈을 요청해야 할 때가 되니 그 개념이 훨씬 현실적으로 다가왔다.

『차이를 창조하라: '위대함'만으로는 사업을 키우기 부족할 때Create Distinction: What to Do When "Great" Isn't Good Enough to Grow Your Business』의 저자인 스콧 매케인Scott McKain을 작가 모임에서 만났을 때 그는 이 개념을 어느 누구보다도 간결하게 이렇게 표현했다. "당신조차 규정하지 못하는 것을 차별화할 수는 없죠." 당신이 뛸 경기장을 규정할 수 있다면 차별화할 수도 있다는 의미였다.

틈새시장을 개척한다는 것은 당신의 비즈니스가 제공하는 제품이 이 세상의 어디에 적절하게 맞는지 정확하게 표현함으로써, 그 사업의 시장을 찾아내는 일이다. 더 중요한 점은 그 제품이 어떤 부분에서 독특하고 다른 제품이나 경쟁자들과 어떻게 차별화될 수 있는지도 분명해야 한다는 점이다. 어떤 그룹의 사람들을 대상으로 자신의 서비스나 제품이 다른 모든 서비스나 제품과 다르다고 설득시킬 준비를 하고 있는데 정작 사람들은 전혀 다르지 않다고 이미 마음의 결정을 내리는 경우가 종종 있다. 그들의 머릿속에는 이미 경기장이 정해져버린 것이다. 하지만 명확하게 틈새시장을 규정해주는 '이야기'가 있다면 기업가는 경기장을 장악하고 말하고자 하는 서사를 통제할 수 있게 된다.

내 고향인 텍사스주 오스틴 출신 중에는 켄드라 스콧^{Kendra Scott}이라는 이름의 위대한 기업가가 한 명 있다. 그녀는 시장 내의 빈 공간을 파악했고 새로운 액세서리에 관한 자신의 아이디어를 이야기와 비전에 엮어내는 방법으로 이 개념을 놀랍도록 잘 활용했다. 그녀는 이 공간을 화이트 스페이스^{white space}라고 명명했다.

관광 업계에서 몇 년간 일해온 스콧은 첫째 아이를 임신하면서 하루 종일 침대에 누워 지내야 했다. 정말 필요한 경우를 제외하고는 침대를 떠날 수가 없었다. 그러다 보니 가족과 함께 시간을 보내면서도 좋아하는 일을 할 수 있는 사업을 찾아 창업을 해야겠다는 생각에 이르게 됐다. 침대에 누워 있는 동안 그녀는 사업 아이디어를 고민하기 시작했고, 자신이 열정을 가졌던 일 하나를 떠올렸다. 바로 친구들에게 장신구를 만들어주는 일이었다. 그녀의 남편이 최근 실직해서 두 사람은 재정적으로 빠듯한 상황이었고 이런 상황은 좋아하는 일로 사업을 하겠다는 그녀의 결심에 박차를 가했다.

그녀와 그녀의 친구들은 모두 같은 고민을 가지고 있었다. 그들은 멋지고 세련돼 보이고 싶었지만 큼직한 보석을 살 만한 여유는 없었고 오래가지 못할 저렴한 장신구에 돈을 낭비하고 싶지도 않았다. 당시 시장은 너무 비싼 보석들 아니면 조악하게 만들어져서 한 번 착용하면 망가지는 저렴한 장신구들로 양분되어 있었다. 그 중간 정도에 해당하는 액세서리가 없었다. 그녀는 아이디어를 생각했다. 세련돼 보이면서도 부담스럽지 않은 가격의 액세서리가 있다면 좋지 않을까?

그녀는 은행 계좌에 마지막으로 남아 있던 500달러를 찾아서 자신만의 액세서리를 만들기 시작했다. 아이들이 어느 정도 자라자마자 그녀는 동네에 있는 주택들과 소규모 상점들을 돌아다니면서 자신의 이야기를 들려줬다. 그녀는 소비자의 기대를 충족시키지 못했던 시장의 빈 공간을 파악했던 것이다. 세련되게 보이고 싶지만 엄청난 돈을 쓸 수 없거나 쓰고 싶지 않은 여성들의 기대 말이다. 그녀는 여성들이 소중하게 보관할 만한 세련된 보석 한 점에 200달러 정도는 기꺼이 지불하리라는 점을 알고 있었다.

이 이야기에 여성들이 좋아하는 아름다운 제품에 대한 스콧의 타고난 이해력이 더해진 덕분에 그녀는 성공적인 액세서리 브랜드를 만들 수 있었다. 켄드라 스콧은 현재 75개의 매장을 보유하고 있다. 그녀의 제품은 니먼 마커스Neiman Marcus, 노드스트롬Nordstrom, 블루밍데일즈Bloomingdale's 같은 백화점을 포함해 1,000개가 넘는 소매 업체에서 팔리고 있다. 그 회사의 가치는 10억 달러가 넘는다.

스콧이 엄청난 성공을 거둔 핵심적인 이유 중 하나는 누구도 사업을 영위하고 있지 않던 화이트 스페이스를 그녀가 발견했고, 목표시장의 니즈를 완벽하게 충족시키는 제품을 만들었으며 이를 자신의 이야기로 만들었기 때문이었다. 하지만 브랜드를 돋보이게 하기 위해 항상 화이트 스페이스에서 사업을 해야 하는 것은 아니다. 제품과 서비스가 새롭게 보일 수 있는 방식으로 소통하거나 누구도 하지 않았던 이야기를 한다면 당신의 브랜드는 관심을 얻을 수 있다.

미용 그룹 존 폴 미첼 시스템스의 창업자인 존 폴 디조리아

John Paul DeJoria는 어느 날 친구인 마틴 크롤리Martin Crowley가 멕시코에서 가져온 테킬라를 맛보고는 놀라움을 금치 못했다. 디조리아는 그 테킬라의 부드러움과 고급스러운 맛에 압도됐다. 크롤리는 친구에게 이 테킬라를 미국에서 함께 판매해보지 않겠냐고 제안했다. 당시 미국에서 테킬라는 심한 숙취를 가져오는 품질 낮은 술로 알려져 있었다. 누구에게나 대학 시절에 겪은 테킬라와 관련된 끔찍한 이야기가 하나씩은 있었고 미국에서 고품질의 테킬라를 마시는 사람은 아무도 없었다.

그들은 대중적인 테킬라인 호세 쿠에르보Jose Cuervo를 마시는 대학생들을 대상으로 마케팅을 시도하기보다 세련된 취향의 멕시코 사람들이 홀짝홀짝 마시는 최고의 프리미엄 테킬라라는 점에 초점을 맞춰 스토리를 만들기로 했다. 그들은 고급스러운 박스에 담긴 아름다운 수공예 유리 술병을 주문 제작했다. 그리고 그 테킬라에 '보스'를 의미하는 '패트론Patrón'이라는 매혹적이고 강렬한 이름을 붙였다. 시장에서 팔리는 대부분의 다른 테킬라처럼 팔기 위해 노력하는 대신 그들은 독특한 영업 전략을 펼쳤다. 먼저 고급 식당과 트렌디한 LA의 바를 찾아가 바텐더에게 그 가게에서 보유한 최고급 테킬라를 시음할 수 있는지 물어봤다. 당시 최고급 테킬라의 가격은 최대 3달러에서 4달러였다. 바텐더가 준 테킬라를 맛보고 나면 빈 잔을 하나 달라고 부탁했다. 바텐더가 카운터에 빈 샷글라스를 놓으면, 그들은 패트론을 꺼내들었다. 바텐더가 깜짝 놀라 "그거 저리 치우세요"라고 말해도 그들은 "한번 마셔보지 않겠어요?"라고 제안하며 자신들의 영업 전략을 꿋꿋이 밀고 나갔다. 바텐더들은 대개 주저했지만 일단 한 모금을 마신 후에는 "와우! 이게 뭐죠?"라고 묻곤 했다. 그러면 디조리아가 "이것이 테킬라의 미래인 패트론입니다"라고 답하곤 했다.

바텐더가 패트론의 매력에 빠지고 나면 디조리아는 거기서 더 나아가 바와 레스토랑의 소유주들에게 그들의 고객인 유명 인사나 친구들에게 패트론을 소개해달라고 부탁했다. 그는 유명 배우와 음악가들을 초청하는 프라이빗 파티를 열었고, 그의 슈퍼 프리미엄 테킬라를 로스앤젤레스, 뉴욕, 라스베가스, 마이애미에 있는 최고의 나이트클럽과 유행의 첨단을 걷는 바에 비치했다. 그렇게 시간이 지나면서 패트론에 대한 소문이 퍼져나갔고, 그 특별한 술병은 유명 인사들의 사진에 등장하거나 유행하는 노래 속에 언급되면서 높은 지위를 의미하는 술이 됐다.

그들은 패트론 테킬라를 팔 때, 스카치처럼 마시고 와인처럼 음미해야 하는 술이라는 아이디어까지 같이 팔았다. 이들은 미국 내 테킬라 산업의 역동성을 완전히 바꿔놨고 새로운 시장을 창출했다. 미국에서 아무도 존재한다고 생각하지 않았던 시장, 바로 울트라 프리미엄 테킬라 시장이다. 오늘날 패트론은 그 틈새시장을 장악하고 있으며 매년 10억 달러의 매출을 거두는 가장 잘 팔리는 울트라 프리미엄 테킬라 브랜드가 됐다.

🗨 약자라는 사실을 받아들이라

단어의 정의 그 자체로, 모든 창업자는 '약자underdog'다. 사업을 시작할 때는 자원이 매우 부족할 때가 많다. 게다가 당신은 모든 일을 혼자 해야 하는, 그 사업에 종사하는 유일한 사람이다. 새로운 사업은 거의 모두 이런 식으로 시작되지만 대부분의 사람들은 이미 정착된 시장에서 이름 없는 선수로 보이기를 원치 않기 때문에 약자라는 사실을 숨기려는 경향이 있다. 경쟁에서 패배할 것이 걱정돼서 펩시나 마이크로소프트와 대결하기를 두려워하는 것이다.

하지만 그럴 필요 없다. 미국 문화의 멋진 점이 무엇인지 아는가? 바로 약자를 사랑한다는 점이다. 미국은 약자들이 세운 나라로 출발했고 자기 결정권과 개인주의, 그리고 모든 역경에 저항하는 투지를 찬양한다. 약자의 역할을 끌어안을 때 상대방은 창업자를 응원하고픈 소망을 가지게 된다. 사람들은 다윗과 골리앗의 이야기를 사랑하는 것처럼 기업가정신을 뒤에서 응원하고 싶어 하고, 이전에 아무도 하지 못한 일을 누군가가 해내는 모습을 보고 싶어 한다. 그들이 성공하는 모습을 보고 싶어 하고, 그들의 이야기를 팔로우할 것이다. 약자의 역할을 포용함으로써 우리는 약점을 강점으로 바꾸고 경쟁사의 강점이 그들에게 불리하게 작용하도록 만들 수 있다. 약자의 위치는 심지어 게임의 규칙까지도 바꿀 수 있다.

나는 당신이 창업가가 가진 '약자의 지위'를 끌어안기를 바란다. 대중이 당신을 응원할 수 있도록 당신이 그 산업의 골리앗과 대적하는 다윗이라는 걸 알려줘야 한다. 간단히 말하자면 마이크처럼 해야 한다. 여기서 마이크의 본명은 마이클 더빈Michael Dubin이다.

달러 쉐이브 클럽Dollar Shave Club의 창업자인 마이클 더빈은 약자라는 사실을 상당히 명석하게 받아들였다. TV 방송사와 잡지사의 미디어 마케팅 분야에서 10년간 일해온 더빈은 부업으로 코미디를 쓰고 스탠드업 코미디언으로도 활약했다. 온라인 미디어 분야에서 일을 해보려고 로스앤젤레스로 막 이사한 그는, 어느 날 밤 한 파티에서 마크 레빈Mark Levine이라는 남자를 만났다. 레빈은 자신이 25만 개의 면도기를 확보할 수 있다고 하면서, 더빈이 디지털 마케팅과 홍보용 비디오 제작 분야에서 일했던 만큼 그 면도기를 판매하는 데 도움을 줄 수 있는지 물었다. 그들은 가격 거품이 심한 면도기 산업에 대해, 그리고 면도기를 사는 과정이 얼마나 번거로운지, 거기에 얼마나 엄청난 시장 기회가 있는지에 대해 이야기를 나눴다.

더빈은 규칙적으로 면도를 해야 하는 남성으로서 그 시장을 잘 알고 있었고 그래서 한 달에 1달러를 내면 우편으로 일회용 면도날을 배달해주는 아이디어에 확신을 가지게 됐다. 그는 대부분의 남성들이 면도기를 구매하면서 좌절감을 느낀다는 사실을 알고 있었다. 면도기는 무척 비싼 데다 우주비행사에게나 필요할 법한 온갖 기능을 장착하고 있었다. 게다가 면도날 시장은 엄청난 예산을 쏟아 붓는 대기업들만의 리그였다. 그들은 면도기 거인들과 직접 경쟁하는 대신, 정확히 반대 방향으로 가기로 결정했다. 더빈은 그 대기업들을 자신들의 스토리 속에 활용해 오히려 상황을 반전시켰다. 그는 수백만 달러 규모의 대기업들이 만드는 매우 비싼 면도기를 사는 대신 그 돈으로 할 수 있는 모든 행위들을 담은 코믹 영상을 만들었다. 그는 4,500달러라는 빠듯한 예산으로 달러 쉐이브 클럽의 단순한 비즈니스 모델에 관해 소통했고 소비자에게 자신들의 제품을 사야 하는 이유를 만들어주었다.

이 영리한 92초짜리 영상(현재까지 유튜브에서 2,500만 뷰 이상을 달성 중이다)을 통해 더빈은 시장을 지배하는 대기업들을 풍자하는 방법으로 자신의 회사가 추구하는 가치를 이야기에 담아서 전달했다. 그 영상을 통해 달러 쉐이브 클럽은 성장했다. 그들의 광고에는 화려한 기능에 대한 설명도, 유명한 스타도 등장할 필요가 없었다. 필요한 것은 그저 '남성들은 저렴하면서 좋은 면도기를 쉽게 구할 방법을 원한다'는 단순한 명제뿐이었다. 오늘날 달러 쉐이브 클럽에 가입한 사람은 320만 명이 넘는다. 현재는 10억 달러에 이 회사를 인수한 유니레버Unilever가 달러 쉐이브 클럽을 소유하고 있다.

더빈의 이야기는 스타트업의 특성을 지렛대 삼아 약자의 역할을 철저하게 수용하면서 동시에 시장에 있는 골리앗들의 강점이 그들에게 불리하게 작용하도록 활용한 완벽한 창업가의 사례를 보여준다. 이런 접근 방식 덕분에 달러 쉐이브 클럽은 60억 달러 규모의 산업을 철저하게 파괴했고 온라인 면도기 회사 중에서 1등을 차지했다. 그리고 결국 다윗을 이길 수 없었던 골리앗이 이 회사를 인수한 것이다.

🗨 약점을 감추지 마라

우리가 아무리 열심히 노력하고 잘 준비한다 해도 나쁜 일은 생기기 마련이다. 잘못된 판단으로 인한 실수나 부주의함에서 비롯된 실수, 실패, 재앙, 갈등, 판단 오류 등. 이런 나쁜 일들을 공유해야 할 때가 되면 대부분의 사업가들은 남들이 모르게 이러한 것들을 덮어버린다. 그들은 잘못이나 실수에 대해 말하기를 피하거나 모두 숨긴다. 《뉴욕 타임스》가 선정한 베스트셀러였던

『취약성의 힘The Power of Vulnerability』의 저자이자 취약성 분야에서 최고 전문가 중 한 사람인 브레네 브라운Brené Brown은 이를 이렇게 표현한다.

"취약해진다는 것은 약함이라는 관점처럼 감정적으로만이 아니라 비판이나 철저한 도덕적 검증 그리고 상처를 받는 위험을 감수한다는 뜻입니다."

어떤 기업가든 이런 위험을 피하고 싶겠지만 많은 창업자들이 깨닫지 못하는 것이 하나 있다. 바로 취약함 속에 엄청난 힘이 존재한다는 사실이다. 취약함은 마음으로 통하는 문을 여는 주문처럼 사람들 사이를 연결하는 가장 빠르고 효과적인 방법이다. 우리 모두에게는 결점이 있기에 사람들은 실패에 대해 듣고 싶어 한다. 실수와 재앙을 공유할 때 사람들은 본능적으로 관심을 가지게 된다. 기업가를 인간적으로 느껴지게 만드는 그런 이야기는 현재와 미래의 고객, 직원, 파트너는 물론 심지어 투자자와도 관계를 구축하고 강화하도록 도와준다. 취약성은 마음 깊숙한 곳으로부터 공감하게 하는 방식으로 상대방과 깊은 감정적인 연결 고리를 만들어준다. 숨겨져 있거나 너무 완벽하게 다듬어진 것들은 따분하게 느껴지고 다른 사람들에게 울림을 줄 수 없다.

나는 양심적 자본주의를 위한 CEO 정상회의Conscious Capitalism CEO Summit에서 브레네 브라운을 만났다. 미국에서 명분을 중요하게 여기는 최고의 창업가들과 CEO 200명이 함께 모이는 이 정상회의를 나는 매년 영상으로 담는다. 이곳에서 그녀는 창업자와 기업 임원들을 대상으로 영향력 있는 리더가 되려면 어떻게 취약싱의 힘을 활용해야 하는지에 대한 자신의 생각을 들려주었다. 취약해지려면 깊은 곳까지 파고들어가 여러 겹의 껍데기를 벗어야 한다. 당신이 사업 경험을 공유할 때, 상대방은 당신이 누구인지 알게 된다. 당신이 왜 이 사업에 마음과 영혼을 쏟아 붓게 됐는지 그 이유를 알려줌으로써 신뢰를 구축하고 그들과 다양한 수준에서 공감대를 형성하라. 당신의 비전이 그저 말도 안 되는 아이디어가 아니라 실제 문제를 해결하거나 다른 사람들을 도와야 할 필요성에 뿌리를 내리고 있다는 점을 전하라. 당신 내부에서 당신을 이끄는 힘에 대해 그들과 공유하라. 좌절과 어려움도 공유하라. 하지만 당신의 제품이 고객들의 삶을 더 낫게 만들 것임을 알고 있기 때문에 당신이 좌절과 어려움을 극복할 것이라는 사실도 알게 하라.

다른 사람들이 당신을 어떻게 생각할지 걱정하지 말라. 취약함이 가지는 위대함은 창업자로서 당신을 더 매력적으로 만든다는 데 있다. 대부분의 사람들은 취약함이 약하고 리더십이 부족한 사람으로 보이게 한다고 생각하지만 사실은 그 반대다. 브레네 브라운은 이를 멋지게 표현했다. "당신을 취약하게 만드는 것이야말로 당신을 아름답게 만든다."

앞서 소개한 칼리 로니는 더낫을 창업하기 위해 재난 같았던 자신의 결혼식 이야기를 모두 공유했다. 그녀는 엉망이 된 자신의 삶을 드러냈고 숨기지 않았다. 그녀의 이야기가 다른 사람들을 도울 수 있을 거라고 믿었기 때문이다. 최고의 이야기들은 단지 신뢰할 만한 그림을 보여주는 것에 그치지 않는다. 그런 이야기들은 대중을 사로잡고 그들을 감정적으로 연결시킨다. 라이프 이즈 굿의 창업자 버트 제이콥스가 아버지가 자동차 사고를 당해서 일을 할 수 없게 됐던 자신의 어린 시절로 사람들을 데려가 그때의 어려움에 대해 이야기할 때, 그는 자신이 가진 취약성으로 사람들과 강력한 연대를 형성했다. 어린 시절에 일어난 매우 개인적인 일, 즉 자신의 가족이 생계를 간신히 유지했다는 사실을 자세히 공개함으로써 그는 어떻게 낙관주의가 자신의 믿음 체계에 중요한 요소가 됐고 내면의 체질이 됐는지 보여줬다. 그 이야기를 들은 대중은 그래서 그를 좋아하게 되는 것이다.

💬 숫자를 영리하게 활용하라

대중은 사실이나 수치에 관심이 없기 때문에 이야기에서 그런 것들은 피해야 한다거나 숫자는 절대 쓰면 안 된다는 믿음이 창업가들 사이에 존재한다. 나는 이것이 오해이며 엉터리 주장이라고 단언한다. 물론 숫자를 지겹도록 사용한다면 이야기가 수렁으로 빠질 수도 있다. 하지만 숫자를 잘만 활용한다면 이야기가 돋보이는 것은 물론이고 가치가 높아지기도 한다.

이야기에 있어서 숫자가 하는 역할은 음식에 있어서 조미료의 역할과 같다. 적절하게 풍미를 제공하고, 이야기의 특정한 요소를 강조하고, 창업가와 그의 이야기를 돋보이게 만드는 데 도움을 주는 것이다. 단 하나의 숫자라도 상대방의 마음에 오래 남을 수 있고, 이야기를 돋보이게 하는 순간에 강력한 세부 정보를 추가할 수도 있다. 숫자는 또 이야기를 축약하거나 단순화하는 데 도움이 될 수도 있으며 동시에 이야기에 깊이를 부여하고 모든 다른 이야기들과 구별되게 해줄 수도 있다. 숫자는 해결된 문제가 얼마나 중요한지 보여주거나 해결책의 영향력을 시연해 보이거나 사업의 잠재력을 명확하게 조명해줄 수도 있다. 숫자는 이야기에 관심을 갖도록 상대방을 이끌어줄 수도 있고, 당신이 가진 전문적인 경험에 대한 신뢰도를 높여줄 수도 있고, 당신의 사업과 삶에서 인상적인 지점을 계량화해서 보여줄 수도 있다.

나에게도 공학과 스타트업, 제조업 경험과 연관된 다양한 숫자들이 있다. 하지만 나는 주로 기업가 스토리텔링에 초점을 맞춘 숫자들을 활용하는 편이다. 나는 이렇게 말하곤 한다. "저는

15년 동안 500명에 달하는 최고의 기업가들을 위해 영상을 촬영했고, 800건의 비디오를 제작했습니다." 혹은 "저는 기업가들이 자신만의 이야기를 만들고 전달하는 방법을 코칭하기 위해 예술과 과학, 기업가 스토리텔링이라는 기술에 2만 시간 이상을 투자했습니다."

앞서 소개한 이 책에 등장하는 많은 창업가들도 자신의 이야기를 공유할 때마다 적재적소에서 숫자를 활용한다.

- 애덤 브라운은 자신의 존재 이유에 대한 해답을 찾기 위해 50개국을 여행했고, 이 여행은 연필을 달라고 부탁했던 한 소년에게 그를 인도했다.

- 마이클 더빈은 수천만 명이 시청한 92초짜리 영상을 제작하는 데 4,500달러를 지출했다.

- 버트 제이콥과 그의 남동생은 수중에 75달러밖에 남지 않은 상황에 처했고 그 돈으로 만든 48벌의 셔츠는 45분 만에 다 팔렸다.

- 블레이크 마이코스키는 탐스와 그들이 돕고 있는 사람들에 대한 관심을 환기시키기 위해 일대일^{one-for-one} 기부라는 조건을 활용했다.

- 드류 휴스턴은 USB를 집에 두고 온 채 4시간이 걸리는 버스 여행을 떠났고, 그 여행은 드롭박스의 창업으로 이어졌다.

- 켄드라 스콧은 은행계좌에 마지막으로 남아 있던 500달러를 액세서리를 개발하는 데 썼다.

이처럼 이들 기업가들은 이야기의 가치를 높이기 위해 적절한 숫자를 활용했다. 이들은 이야기를 숫자로 어수선하게 채우지 않고 선택적으로 이야기를 풍부하게 만들어줄 숫자들을 채택했다.

💬 남들이 가지 않는 길을 가라

이야기를 돋보이게 만들어줄 또 다른 효과적인 수단은 이를 평범하지 않게 만드는 것이다. 독특하거나 규범을 벗어난 이야기가 대중의 관심을 사로잡을 가능성이 더 높다. 이런 접근 방식의 매력은 대중들이 실제로 예상하지 못한 것을 갈망한다는 데 있다. 의식적이건 무의식적이건, 우리는 우리를 멈춰 세우고 깨달음을 주거나 경외감을 느끼게 하거나 공포에 떨도록 만드는 것을 찾는다. 투쟁-도피 본능과 유사하게 우리의 뇌와 신체는 항상 위험한 길을 피할 수 있게 하거나 즐거움을 주는 무언가를 찾고 있다.

에모리 대학과 베일러 대학 의대에 속한 과학자들은 즐거움이라는 자극을 예측 가능한 패턴 혹은 무작위 패턴으로 제공할 때 그 순서에 대한 반응으로 인간의 뇌에서 일어나는 변화를 기능적 자기공명영상f-MRI을 통해 측정했다(자극은 과일 주스와 물을 이용했다). 연구진은 예측할 수 없는 순서로 자극이 가해질 때 뇌가 가장 강하게 반응한다는 사실을 알아냈고, 뇌가 예측하지 못한 즐거움을 예측된 즐거움보다 무의식적으로 더 선호한다고 추정했다. 비록 우리는 의식적으로 후자를 더 선호한다고 믿을 수도 있지만 말이다.[5]

따라서 논란이 많은 아이디어나 깜짝 놀랄 만한 폭로, 믿기 어려운 사실 등을 소개하는 것도 유리하게 작용할 수 있다. 이야기를 돋보이게 만들려면 전혀 예상할 수 없는 개인적인 놀라운 일을 밝히는 것도 도움이 될 수 있다. 남이 가지 않은 길을 갈 때, 규범에서 벗어날 때, 청중의 예상을 무너뜨릴 때, 상대방은 당신이 공유하는 내용에 끌리게 된다.

마이클 더빈이 달러 쉐이브 클럽을 출범시켰을 때 그의 의도는 단순히 시장의 지배자인 질레트Gillette와 쉬크Schick의 고가 면도기를 넘어서는 데 있지 않았다. 그는 전략의 일부로 소매 업체를 통해 면도기를 판매하는 대신, 중간상인을 건너뛰어 우편으로 물건을 배송하는 '멤버십 모델'을 구축했다. 이런 전략의 핵심은 이야기를 창안하고 공유하기 위해 기술과 콘텐츠를 활용하는 것이다.

그는 면도를 하는 데 우주선에서나 사용될 법한 첨단 기술을 갖춘 어마어마한 면도기가 필요하지 않다는 사실을 고객에게 전달하고자 했다. 그리고 품질이 좋고 저렴하며 매달 집 앞에 배송될 이 새로운 면도기 덕분에 그들의 경제 상황이 훨씬 더 개선될 거라는 사실도 전달했다. 그것도 매우 유쾌하게. 그의 아이디어는 달러 쉐이브 클럽을 재밌게 소개하는 데 그치지 않고 불경스럽지만 유쾌하게 정직하자는 것이었다. 그리고 이것은 영상에서 명백하게 드러난 것처럼 그들의 이야기와 포지셔닝 전략의 일부가 됐다.

유명한 마이클 더빈의 달러 쉐이브 클럽 출시 영상에는 몇 가지 색다르고 대담한 선언들이 등장한다. 예를 들어 이런 대사들이다. "당신은 대기업 브랜드 면도기에 한 달에 20달러를 쓰고 싶은가요? 그중 19달러가 로저 페더러Roger Federer한테 가는데도요?"(테니스 선수 로저 페더러는 질레트 면도기의 광고 모델이다 – 옮긴이), "정말로 면도기에 진동 핸들과 플래시 불빛, 등 긁개(등에 난 털을 면도하기 위한 기능 – 옮긴이), 10개의 면도날이 필요하다고 생각하시나요? 끝내주게 잘생긴 당신 할아버지에게 물어보세요. 하나짜리 면도날로도 이렇게 멋지게 면도를 했다고요." 이런 대사들은 영상에 양념을 가미한다. 그는 이런 선언들을 통해 페더러와 같은 유명한 운동선수들에게 제품을 홍보하게 만드는 기업들을 영리하게 조롱했다. 이 대사들은 즐거움을 줬지만 진실이라는 요소도 들어 있어서 듣는 사람에게 달러 쉐이브 클럽에 합류하고 싶도록 만든다.

이 영리한 영상 덕분에 사람들 사이에는 입소문이 퍼졌고, 사람들은 달러 세이브 클럽에 관해 친구들과 대화를 나누기 시작했다. 더빈이 진정으로 의도했던 것은 멋진 이야기를 만들어서 전달하고, 그 이야기와 불손한 브랜드에 매력을 느낀 사람들이 그들 주변에 훌륭한 판매 경로를 구축하는 일이었다. 그리고 그것은 정확히 먹혀들었다.

병맛과 B급 감성으로 차별화된 소통에 성공하다

회사와 브랜드, 돋보이는 이야기를 만드는 일의 거장 중 한 명으로는 소셜 미디어 에이전시 베이너미디어Vaynermedia와 와인 라이브러리 TVWine Library TV를 설립한 게리 베이너척Gary Vaynerchuk을 꼽을 수 있다. 그는 우리가 이 장에서 논의했던 모든 요인을 사용한다. 개인적이 되고, 약자의 지위를 활용하고, 취약성을 수용하고, 숫자를 이용하고, 남들이 가지 않은 길을 가는 것 말이다. 게다가 그는 이 일을 놀랍도록 잘 해냈다.

타고난 수완가였던 베이너척는 여섯 살 때 처음 레모네이드 가판대로 사업을 시작했고 그때 이후로 자신만의 스토리텔링 기술을 연마해왔다. 그는 레모네이드를 팔 때부터 한 개가 아닌 여덟 개의 프랜차이즈 가판대를 만들었다. 그러고는 모든 친구들을 불러 모아 돈을 벌 수 있다고 하면서 가판대를 운영하게 했다. 그는 '가맹점'에서 번 돈을 거두느라 날마다 세발자전거를 타고 돌아다녔다. 열두 살이 되자 그는 야구카드를 팔기 시작했다. 그는 야구 트레이드 쇼에서 카드를 판매해 어떤 날에는 3,000달러를 벌기도 했다. 그 후 몇 년간 그는 가장 큰 규모의 야구카드 판매업자가 될 것을 꿈꿨지만 열네 살 때 아버지가 취미생활을 접고 가족이 운영하는 주류매장 사업을 도우라고 말하는 바람에 그 꿈은 갑자기 무산됐다. 그에게 주어진 일은 한 시간에 2달러를 받고 지하실의 재고를 정리하고 청소를 하는 일이었다. 그는 학교에 있지 않을 때면 주말과 여름 방학, 휴일을 막론하고 깨어 있는 모든 시간에 일을 했다. 하지만 열여섯 살이 된 그에게 가족들이 지하에서 올라와 매장 운영을 도우라고 했을 때, 그의 세상은 완전히 달라졌다.

어느 날 매장에 들어온 고객 한 사람이 잡지 《와인 스펙테이터Wine Spectator》가 그해의 와인으로 선정한 '케이머스 스페셜 셀렉트Caymus Special Select' 1990년산을 찾았다. 누구나 그 와인을 사고 싶어 했지만 매장에는 이미 그 와인이 동이 난 상태였다. 실제로 수많은 고객이 들어왔다가 나가버리는 일이 계속됐다. 베이너척은 엄청난 좌절감을 느꼈고, 다음에 들어오는 사람에게는 백 오더(현재는 재고가 없지만 곧 배송이 들어올 물건들이 있을 경우에 받는 주문-옮긴이)를 받겠다고 결심했다. 사실상 그들에게 백 오더 시스템이 없었음에도 말이다. 아니나 다를까 다음 고객이 들어와서 케이머스 와인을 찾았고 그는 이렇게 대답했다.

"지금은 다 팔렸지만 백 오더를 받아드릴 수 있습니다." 고객이 이름과 주소를 알려줬고 베이너척은 "몇 병 주문하실 건가요?" 하고 물었다. 그 고객은 "여섯 병을 구해주세요"라고 대답했다. 베이너척은 그가 알콜중독자일거라고 생각하면서 이렇게 물었다. "파티를 여시나 봐요?" 그러자 그 고객은 "아니요. 저는 와인을 수집합니다"라고 대답했다. 베이너척에게는 이때가 바로 깨달음의 순간이었다. 어린 시절에 야구카드를 팔아본 그는 수집의 본질에 대해 아주 잘 이해하고 있었다. 이제 그는 야구카드이건 와인이건 무엇이건 상관없이, 사람들이 집착하는 것을 한 가지 방법론으로 바꿔놓을 수 있다는 사실을 깨달았다. 그 방법론은 결국 베이너척을 와인과 소셜 미디어에 있어서 세계에서 가장 앞서가는 전문가가 되도록 도와주었다.

와인 매장에서 일한 지 몇 년 정도 지났던 2006년, 그는 유튜브라는 새로운 미디어 매체를 알게 된다. 유튜브의 신선함과 가능성을 엿본 그는 소형 비디오카메라와 미식축구 뉴욕 제츠 팀의 기념품인 철 양동이를 준비한 다음, 신선한 목소리를 절실하게 원하던 와인 커뮤니티를 대상으로 '와인 라이브러리 TV쇼'를 시작했다. 와인에 대한 지식과 열정을 공유하기 위해 만들어진 이 쇼는 그러나 그동안 사람들이 봐왔던 와인 프로그램과는 정확히 정반대 방향을 향했다. 그는 고급 와인 바가 아닌 지하실에서 촬영을 했으며 뉴욕 제츠의 양동이를 와인 뱉는 그릇으로 사용했다. 그는 와인 종류부터 와인에 얽힌 이야기까지 이전에 아무도 들어본 적 없는 이야기들을 들려주었다. 와인부터 미식축구, 음악, 옷 입는 스타일까지 모든 것에 대해 이야기하면서 그는 아이들처럼 욕지거리를 내뱉기도 했다. 그의 쇼는 날 것 그대로였지만 진정성이 있었으며 신선했고 그래서 엄청나게 성공적이었다. 오래지 않아 매일 그의 영상을 보는 사람들이 10만 명에 달했다. 광신적인 종교집단처럼 그를 따르는 '베이니악스Vayniacs'라는 팬들이 생겨났고 이 시청자들이 그의 브랜드를 탄생시키는 바탕이 됐다.

그는 유튜브 채널을 통해서 와인 초보 수천 명을 와인 애호가로 바꿔놓았다. 그는 와인을 많이 마시지 않는 나 같은 사람까지 그의 방송을 보도록 만들었는데, 이는 그의 방송이 오락성도 있으면서 유용한 정보를 제공했기 때문이다. 베이너척은 그저 엉터리거나 영리하게 속이는 사람이 아니었다. 그는 말 그대로 와인 전문가였다. '잉그리드 벤더벨트와의 이동 인터뷰'(저자가 제작한 인터뷰 시리즈. 게스트를 상대로 자유롭게 인터뷰를 진행한다 -옮긴이)라는 이름의 온라인 방송을 위해 그의 영상을 찍을 때의 일이다. 쇼의 진행자이자 내 절친한 동료인 잉그리드 벤더벨트는 그를 당황하게 만들 요량으로 자신이 선물로 받은 잘 알려지지 않은 호주 와인을 집어 들었다. 그러나 베이너척은 전혀 당황하지 않은 채, 그녀에게 그 와인이 호주의 어느 지방에서 나온 것인지 알려줬고, 그녀가 와인을 마셔보고 느낀 점들을 확인시켜주면서 어떤 음식과 잘 어울리는지 추천까지 해줬다. 그가 이 모든 일을 하면서 보여준 재능과 진정성, 확신은 지금 당장 밖으로 나가서 그 와인을 한 병씩 사고 싶도록 만들 정도였다.

그가 한 말 중에 유튜브에서 엄청난 관심을 끌었던 한 가지는 언젠가 자신이 내셔널 풋볼리그NFL의 뉴욕 제츠를 사들일 거라는 주장이었다. "내 경력의 다음 단계는 나가서 회사들을 매입한 다음, 베이너미디어VaynerMedia 기계에 돌리는 겁니다. 그런 다음 이들을 되살려서 100억, 가능하다면 몇 백 억짜리로 만드는 거죠. 그런 다음 난 뉴욕 제츠를 살 겁니다"라고 그는 말했다. 지하실에 앉아 은색 양동이에 먹던 와인을 뱉으면서 빈티지 와인에 대해 설명하는 사람이 한 말치고는 상당히 정신 나간 이야기였지만, 그의 파격적인 발언은 모든 사람들의 관심을 끌었다. 그러나 그는 집념과 확신, 진정성을 가지고 말했다. 그의 이런 태도 때문에 사람들은 그의 말에 더 귀를 기울였고 그와 공감대를 형성했으며 그의 말을 믿었다.

베어너척은 특별한 고객 서비스를 제공하기 위해 굳이 할 필요 없는 고생들도 마다하지 않았다. 그것이 평생 가는 충성 고객을 확보하는 데 도움이 될 뿐만 아니라 그런 서비스들이 전설적인 이야기를 만들어줄 것임을 알았기 때문이다. 한 번은 시카고에서 온라인으로 와인을 주문한 고객을 트위터에서 발견하고는 그 고객을 팔로우하기 시작했다. 그는 그 고객이 트위터에서 당시 미식축구 팀 시카고 베어스 쿼터백이던 제이 커틀러Jay Cutler에 대한 애정을 여러 차례 밝히고 있다는 걸 알아차렸다. 그는 고객지원 팀에게 제이 커틀러가 사인한 셔츠를 이베이에서 찾게 했고, 그 셔츠를 "와인라이브러리닷컴에서 첫 주문을 해주셔서 감사합니다"라는 메모와 함께 그 고객에게 보냈다.

그러자 몇 주 후 그 고객은 답장을 보내왔다. "안녕하세요. 셔츠는 잘 받았습니다. 정말 고마워요. 굉장히 마음에 듭니다. 액자에 넣어서 사무실에 걸어뒀어요. 그나저나 정말 놀랐습니다. 제가 제이 커틀러 팬인 걸 어떻게 안 거죠? 나는 시카고에 있는 샘스Sam's 매장에서 수십만 달러를 쓰는데 그곳에선 나를 위해 어떤 것도 해주지 않았어요. 심지어 그 사람들은 내가 가게에 들어가도 내가 누군지도 모른답니다. 이런 배려는 정말 크게 와 닿는군요. 내가 앞으로 죽을 때까지 거래를 하고 싶은 회사는 그쪽이라는 것만 알아주세요."

무엇이 베어너척을 그토록 놀라운 스토리텔러 기업가로 만들었는지 잘 보여주는, 내가 공유할 수 있는 사례는 셀 수 없이 많다. 하지만 그의 개인적이면서 남들과 다른 접근 방식을 직접 경험해보고 싶다면 그의 소셜 미디어 채널 중 어떤 것이든 팔로우해보라. 그러면 그의 대담한 주장을 들을 수 있고 게리 베이너척다운 스토리텔링의 한 요소로 그가 일상적인 수준에서 활용하는 숫자들을 보게 될 것이다. 게리 베이너척은 살아서 숨 쉬는 스토리텔링 머신과도 같다. 그는 사람들의 관심을 포착하기 위해 끊임없이 옛날이야기와 새로운 이야기를 공유하고 자신의 요점을 충분히 설득하고 스스로를 자신의 공간에 있는 모든 다른 사람과 차별화시킨다. 그 공간이 와인 시장이건 소셜 미디어건 광고건 말이다.

오늘날 베이너척에게는 트위터 팔로워 220만 명, 인스타그램 팔로워 860만 명, 페이스북 팬 280만 명이 있다. 그의 유튜브 채널을 구독하는 사람은 290만 명에 달하고, 그는 《뉴욕 타임스》 베스트셀러에 오른 책을 네 권 썼으며 밑바닥부터 시작해 300명 규모의 광고 대행사를 설립했다. 그리고 6,000만 달러 규모의 가족 와인 사업도 계속해서 성장시키고 있다.

START WITH STORY

제6장

절대 잊을 수 없는
이야기에 담긴 비밀

1885년 독일의 심리학자 헤르만 에빙하우스Hermann Ebbinghaus는 사람들에게 정보를 제공했을 때, 그들이 무엇을 얼마나 기억하는지 확인하기 위한 실험을 하나 실시했다. 그리고 그 결과 우리가 어떤 정보를 들은 지 20분이 지나면 들은 내용의 40퍼센트만 기억한다는 것을 알아냈다. 두 시간 후에는 55퍼센트 이상을 잊어버리고 이틀이 지나면 처음 들은 정보의 70퍼센트를 잊어버리게 된다. 그는 이 과정을 망각 곡선forgetting curve이라고 불렀다.[6]

비즈니스의 세계에서 망각 곡선은 이보다 훨씬 더 심하다. 우리에게 제공되는 정보의 양이 기하급수적으로 증가하고 있기 때문이다. 정보의 변화 속도도 계속 증가하는 추세다. 비록 우리의 DNA가 이야기를 통해 소통하게 돼 있다 할지라도 이야기를 확실히 각인시키려면 여전히 추가적인 뭔가가 필요하다. 망각 곡선과 싸우려면 이야기는 단순해야 하고 감정적으로 우리를 끌어당겨야 하며 강한 흥미를 불러일으켜야 한다.

💬 단순함이 복잡함을 이긴다

요즘 사람들은 그 어느 때보다 삶의 단순함을 필요로 하고 또 이를 원한다. 엄청난 양의 정보에 매일 과부하가 걸린 상태로 있다 보니 복잡한 것들을 무시하거나 차단하려는 경향이 생기는 것이다. 우리는 단순한 것들을 더 빨리 이해하고 더 쉽게 기억하며 더 많이 공유한다.

그래서 일상적인 단순한 언어는 당신의 사업이나 아이디어에 대해 상대방이 공감할 수 있도록 도와준다. 당신이 어떤 상황이나 개념을 설명하면서 일상적인 언어를 사용한다면 사람들은 당신의 이야기에 관심을 갖고 기억할 가능성이 더 커진다. 더 그 해서웨이Doug Hattaway와 젠 핸리치슨Jenn Henrichsen은 저서 『단순하게 만들기가 현명한 이유It Can Be Smart to Dumb Things Down』에서 메시지를 단순화하고 풀어서 설명하는 일이 메시지를 이해하도록 하는 데 얼마나 도움이 되는지 이야기한다. 그들의 연구에 따르면 "익숙하지 않은 단어나 복잡한 데이터를 사람들에게 불쑥 던져주면, 우리의 뇌는 '작업 기억'을 탐색하고 그 새로운 정보를 처리하려고 시도하면서 산만해진다. 그래서 사람들은 말 그대로 듣기를 중단하게 되고 전체 요점을 놓치게 된다." 따라서 당신이 의도한 효과와는 정반대의 결과를 가져온다는 것이다.

웹사이트 선호도, 로고 선택, 주식 시장 선택과 같은 것들에 관한 심리학 분야의 연구 역시 '이해하기가 쉬운 것이 기억하기도 더 쉽다'는 사실을 잘 보여준다. 정보가 뇌에 제공될 때, 더 단순한 정보일수록 뇌가 그 정보를 수용할 가능성이 높아진다. 정보가 복잡해 보일 때 우리는 불안함을 느끼며 그 정보에 접근하거나 더 안 좋게는 아예 무시해버리려는 경향을 보인다.[7]

기업가로서 당신은 세계에서 가장 위대한 아이디어나 제품을 가지고 있을 수도 있다. 하지만 대중이, 소비자가 이를 이해하도록 '소통'할 수 없다면 위대한 아이디어도 아무 소용이 없다. 중요하지 않은 소소한 세부 사항에 시간을 낭비하지 않는 단순한 이야기야말로 사람들의 공감을 얻을 수 있다.

시겔+게일Siegel+Gale이 시행하는 글로벌 브랜드 단순미 지표에 따르면, 61퍼센트에 해당하는 사람들이 어떤 브랜드가 단순하다는 이유로 추천할 가능성이 높다고 답했다.[8] 덧붙이자면 64퍼센트의 사람들이 그 동일한 브랜드에 더 많은 돈을 지불할 용의가 있다고 답했다. 이는 당신이 그러기로 선택한다면 당신 제품이 프리미엄 제품으로 자리 잡을 수도 있음을 의미한다.

탐스에서 블레이크 마이코스키는 회사가 존재하게 된 스토리와 함께 단순한 일대일 기부라는 비즈니스 모델을 결합해 최초의 고객, 최초의 직원, 최초의 소매업체, 최초의 언론 기사를 확보하는 데 도움을 받았다. 그리고 공항에서 탐스 신발을 사랑하는 한 여성을 만난 그는 자신의 이야기가 얼마나 쉽게 공유되는

지를 직접 목격했다.

버트 제이콥스와 그의 남동생은 베레모를 쓴 꼬챙이 같은 캐릭터와 세 단어로 이뤄진 문구 '라이프 이즈 굿'을 창안했고 보스턴에 이를 소개하자마자 단순함이 주는 아름다움을 경험했다. 그 문구는 즉시 다양한 그룹의 고객들을 매료시켰고 그들의 제품을 더 많이 사도록 만들었다.

💬 <u>강렬한 감정이라는 연결 고리</u>

이야기가 더 감정적일수록 듣는 사람이 기억할 가능성도 더 높아진다. 과학자들은 사람이 감정적으로 감동을 받았을 때 뇌 안에서 장기 기억이 되기 위해 필요한 요소들이 촉발된다는 사실을 밝혀냈다. 심리학 연구의 기반을 닦은 인물 중 한 명으로, 1800년대 후반에 감정이 뇌에 미치는 영향을 연구했던 윌리엄 제임스William James는 이렇게 말했다. "어떤 인상은 뇌 조직에 거의 흉터를 남길 정도로 감정적인 흥분을 자아낼 수 있다." 달리 말하자면 감정은 상대방이 느낌을 갖도록 만들고 우리는 우리가 느낀 것을 기억한다는 뜻이다. 최초의 기억들 혹은 잊을 수 없는 기억들을 떠올려보자. 강렬한 감정과 연결된 기억은 대개 더 강력하고 더 오래 간다. 감정적인 고리를 만든다는 것은 듣는 사람이 그런 지워지지 않는 흉터를 가진 채, 오랫동안 기억할 수 있도록 이야기에 감정을 주입하는 일이다.

듀크 대학에서 실시한 한 연구에 따르면 두뇌의 감정 센터는 기억과 관련된 영역과 상호작용한다. 우리가 감정적인 어떤 일을 경험할 때, 그 일은 우리에게 특별한 울림으로 다가온다. 두뇌가 평상시의 기억과 다른 구조로 관여하기 때문이다. 연구자들은 자기공명영상을 활용해 감정적인 그림과 중립적인 그림들을 보여주고 참가자들의 뇌가 보이는 반응을 관찰했다. 스캔이 끝나고 연구자들은 그 과정에서 참가자들이 어떤 이미지들을 기억하는지 확인하려고 그들의 기억을 테스트했다. 행동 데이터와 뇌 스캔 자료를 검토한 연구자들은 감정적인 이미지의 기억이 중립적인 이미지의 기억보다 훨씬 더 강하게 두뇌에 입력된다는 사실을 확인했다.[9]

젠 그루버가 쌍둥이를 안고 식료품 매장에서 카드를 찾아 헤맨 이야기를 할 때 당신은 그녀의 좌절감을 느낀다. 블레이크 마이코스키가 아르헨티나에서 처음으로 신발을 기증한 경험에 대해 말할 때 그는 신발이 한 켤레밖에 없어 두 아이 중 누굴 학교에 보낼지 매일 결정해야 했던 한 여성의 절망에 대해 이야기한다. 하워드 슐츠가 이탈리아에서 경험한 제3의 장소에 관해 말할 때 그는 사람들이 함께 모여 맛있는 에스프레소 한 잔을 천천히 홀짝이면서 오후를 즐기는 낭만에 대해 이야기한다. 애덤 브라운이 공부를 할 수 있도록 연필 한 자루를 달라고 부탁하는 어린아이에 대해 말할 때 그는 연필을 건네주자 환하게 웃음꽃이 핀 아이의 행복에 대해 이야기한다. 그는 기쁨에 찬 소년의 얼굴과 자신에게 혁신적인 변화를 가져온 순간을 서로 결부시킨다. 기업가들이 들려주는 이 모든 이야기는 우리의 감정을 강하게 자극한다. 그래서 우리가 이들의 이야기를 기억하는 것이다.

파격적이거나 흥미롭거나

강한 흥미라는 요소를 선택할 때 당신의 목표는 상대방의 호기심을 자극하고 놀라움을 자아내는 것이다. 당신이 들은 최고의 이야기 중 몇 개를 떠올려보라. 그 이야기에서 돋보이는 부분은 무엇이었는가? 왜 당신은 다른 사람과 그 이야기에 관해 대화를 나누고 싶었는가? 가장 많이 기억나는 부분은 어떤 것인가? 때때로 이야기에서 가장 두드러지는 부분은 뭔가 비정상적이거나 믿기 어려운 것일 때가 많다. 강한 흥미를 자아내거나 색다른 것들이 이야기 속에서 강력한 힘을 가지는 이유는 우리 뇌가 그것을 무시할 수 없기 때문이다.

색다른 것은 특별히 관심을 끌며 상대방에게 강렬한 기억을 남긴다. 오스틴 대학 영상연구센터Imaging Research Center 신경생물학과 교수인 러셀 폴드렉Russell Poldrack은 새로운 기술을 배우고, 의사결정을 하고, 통제력을 발휘하는 인간 능력의 기저에 있는 두뇌 시스템을 연구하고 이해하기 위해 영상을 사용했다. 그가 발견한 것은 인간의 뇌가 신기한 것에 반응하도록 만들어져 있다는 사실이었다.[10]

'신기함'은 선택된 두뇌 시스템들을 활성화시키기 때문에 우리가 관심을 기울일 대상을 결정하는 가장 강력한 신호 중 하나다. 그 시스템들 중 하나가 바로 도파민dopamine이다. 도파민은 뇌에서 행복감을 만들어내기 때문에 '좋은 느낌을 주는' 신경전달물질로 불린다. 과학자들이 최근 발견한 사실은 도파민이 어느 정도 중독성을 지니며 뇌로 하여금 같은 것을 더 많이 원하도록 자극한다는 점이다. "도파민이 분비되면 두뇌는 이를 '지금은 무슨 일이 벌어지고 있는지 배우기 시작해야 할 때'라는 신호로 받아들인다."[11] 한마디로 어떤 것이 새롭고 신기할 때 우리는 그것을 더 많이 원하게 된다. 이메일이나 문자메시지, 음성메시지를 새로 받았을 때를 생각해보라. 당신은 언제나 흥미를 가지고 어떤 내용이 포함돼 있는지 알고 싶어 하는 상태에 놓인다. 도파민이 새롭고 신기한 것을 찾고 있는 것이다.

빌 게이츠Bill Gates가 특별한 방식으로 사람들의 강한 흥미를 유발했던 한 감동적인 테드 강연이 있다. 빌 게이츠가 마이크로

소프트 창업자라는 사실은 전 세계인이 알고 있지만 그가 세운 기부 단체 '빌 앤드 멀린다 게이츠 재단'에 대해서는 그만큼 알지 못한다. 그날 테드 강연은 그 재단에 관한 내용을 다뤘고 재단의 사명 중 하나는 말라리아 퇴치였다. 그날 빌 게이츠는 모기를 넣어둔 병을 들고 무대에 올라 청중들을 향해 그 모기를 풀었다. 그런 다음 제3세계에서 말라리아를 전염시키는 주된 매개체 중 하나가 바로 모기라고 말했다. 나는 그 강연장에 앉아 있던 모든 사람이 자신의 팔을 쳐다보면서 모기에 물리지 않았는지 걱정했을 거라고 확신한다. 그리고 단언컨대, 그의 강연 내용을 잊어버린 사람은 아무도 없었을 것이다.

이제까지 3억 회가 다운로드된 팟캐스트의 호스트이자 다섯 권의 베스트셀러를 쓴 팀 페리스Tim Ferriss는 '강한 흥미'라는 개념을 체화한 기업가다. 스타트업 초기 시절부터 베스트셀러를 쓰기까지 그가 해온 거의 모든 일은 정상적이라는 개념을 벗어난다.『나는 4시간만 일한다』와 그 뒤를 이은『포 아워 바디』,『포 아워 셰프The 4-Hour Chef』의 저자인 페리스는 삶을 해체하는 새로운 방식을 알아냈다.

그는 독자의 관심을 끌기 위해 책에 '나는 일주일에 4시간만 일한다'라는 시선을 끌면서도 생각해보게 만드는 제목을 붙였다. 그리고 그것을 삶과 성공에 있어서 남들과는 정반대로 행동한다는 자신의 철학을 전형적으로 예시해주는 개념으로 포장했다. 그는 세상의 당연해 보이는 것들과 관행에 의문을 던지면서 "만약 그 반대로 한다면 어떨까?"하고 질문했다.

『나는 4시간만 일한다』는 반드시 일주일에 4시간만 일하는 삶에 관한 이야기는 아니다. 그보다는 시간에 대한 통제력을 가지고 "예전과 다른 방식으로 삶을 바라보는 것은 물론, 당신이 하는 모든 일에서 최대한의 효율을 얻어낼 수 있도록" 일하는 시간을 줄이는 데 있다. 이 책이 이렇게 영향력을 발휘하는 이유는 페리스가 놀랄 만한 솔직함으로 자신이 살면서 경험한 모든 실패와 성공을 연대기적으로 상세하게 소개하면서 아이디어와 전략, 학습 방법을 전달하기 때문이다. 이것이 그의 첫 번째 책이 200만 부 이상 팔리고 35개가 넘는 언어로 번역된 이유다.

그의 두 번째 책인『포 아워 바디』는 말 그대로 다이어트나 피트니스 책이 아니다. 이 책은 페리스가 시도한 '10년 이상에 걸쳐 인간의 몸을 파헤치는 강박적인 모험'을 요약한 일기다. 어떻게 하면 가장 작은 변화로 신체에 가장 커다란 결과를 유발할 수 있는지에 대해 전 세계 최고 전문가들에게서 배운 팁과 요령들을 공유한다. 그의 책『포 아워 셰프』역시 요리책이 아니다. 어떤 기술을 가능한 한 가장 짧은 시간에 숙달하는 방법에 관한 책이다. 요리책을 가장한 학습에 관한 책이라 할 수 있다.

이처럼 페리스는 항상 강한 흥미를 자아낼 수 있는 독특한 방법을 찾는다.『포 아워 바디』를 출간했을 때 그는 입소문을 내기 위해 "덕후부터 괴짜까지. 나는 어떻게 28일 동안 15킬로그램의 근육을 늘렸나"라는 제목의 글을 블로그에 올렸다. 데렉 시버스 Derek Sivers와의 인터뷰에서 그는 이렇게 말했다. "사람들은 열광했죠. 이 책 내용이 잡지 《와이어드》에 실렸고 '완전 놀랍군, 세상에!'라는 댓글부터 '말도 안 돼. 분명 거짓말일 거야!'라는 댓글까지 엄청난 의견들이 폭풍을 불러일으키면서 온라인의 모든 곳에 링크가 됐죠."[12]

좋건 나쁘건, 사람들의 이러한 '반응'이야말로 팀 페리스가 정확하게 의도한 것이었다. 그는 2년 전에 혁신을 실천에 옮겼지만 홍보할 만한 것이 생길 때까지 이를 블로그에 올리지 않았다. 표면적으로 그의 블로그는 책과 아무 관계가 없었다. 하지만 이 블로그는 사람들이 그에게 관심을 갖도록 만들었고, 그의 책을 사러 몰려가도록 만들었다.

나는 샌프란시스코에 있는 한 카페에서 페리스가 연설하는 것을 처음으로 들었다. 그는 팬들이 자신에게 무엇이든 물어보고 자신의 책에 대해 대화할 수 있도록 카페에서 즉흥적인 번개 모임을 열었다. 그도 말한 바 있지만, 나 역시 일을 하는 과정에서 깨달은 한 가지 사실은 제품이 스스로 홍보를 하는 경우는 드물다는 것이다. 그는 어떤 제품을 판매하려면 사람들에게 제품을 '사달라고 요청하는' 것보다 독특한 방식으로 사람들이 제품을 '살 수밖에 없도록' 만들어야 한다는 사실을 일찍부터 배웠다. 이 방법론의 핵심은 다른 사람에게 들려줄 흥미로운 '이야기'가 있어야 한다는 것이고 페리스는 그런 철학을 영리하게 실천하고 있었다. 그는 어디서든 만나 대화하자는 소셜 미디어 게시물을 통해 낯선 사람들에게 자신의 이야기를 들려주는 뛰어난 스토리텔러였다.

창업가 이야기 **스콧 해리슨** (자선 단체 '채리티 워터' 설립자)

1,000만 명의 생명을 살린 기적의 사나이

인상적인 스토리텔러 기업가를 만나고 싶다면 스콧 해리슨Scott Harrison을 찾아가기만 하면 된다. 해리슨은 기억에 남는 위대한 이야기의 화신이라고 할 수 있다. 그의 이야기는 단순함과 감정적 고리, 강한 흥미를 담고 있을 뿐만 아니라 그가 추구하는 명분을 더 널리 퍼트리는 매개체다.

스콧 해리슨은 보수적인 기독교인으로 어린 시절을 보낸 후, 성인이 되자마자 반항을 시작했다. 대학에 들어가자 머리를 기르고, 밴드에 합류하고, 술을 마시고 대마초를 피우기 시작했던 것이다. 하지만 그의 앞선 17년의 삶은 상당히 달랐다. 그가 네 살이었을 때, 그의 어머니가 일산화탄소에 노출되는 사고를 당했다. 가스 노출로 그의 어머니는 엄청나게 몸이 상했고 혼자서는 제대로 움직일 수조차 없었다. 그는 어린 시절의 대부분을 어머니를 돌보고, 아버지를 도와드리고, 교회에 가고, 규율을 따르는 착한 아이로 보냈다. 다행히도 그의 어머니는 몇 년 후 기적처럼 건강을 회복했다. 당시에는 어떻게 그런 일이 일어났는지 확실히 몰랐지만 지금은 가족이 가졌던 믿음과 소망 때문이었다고 해리슨은 믿고 있다.

술과 대마초에 찌든 대학 생활을 보낸 해리슨은 졸업 후에도 뭔가를 하고 싶다는 생각이 딱히 없었다. 그러다 나이트클럽 홍보 담당자로 일하게 됐는데 거기서 의외의 적성을 찾게 된다. 그는 클럽에서 파티를 여는 일에 탁월한 소질이 있었다. 그는 바에 어울리는 사람들이 모이도록 할 수 있었고, 사람들을 구슬려 20달러짜리 보드카에 500달러를 쓰도록 만들 수도 있었다. 해리슨이 이런 일을 워낙 잘하다 보니 주류 브랜드들도 그의 존재를 알게 됐다. 그는 곧 대중 앞에서 바카디를 마시거나 파티에서 버드와이저를 마시면서 주류 회사로부터 매월 2,000달러를 받게 됐다. 그 후 10년간 해리슨은 MTV, 바카디, 엘르 같은 회사들을 위해 뉴욕에서 화려한 파티를 계속 열었다. 그는 나이트클럽에서 벌어지는 당신이 상상할 수 있는 모든 나쁜 것들은 다 섭렵했다. 어쨌든 그래도 그는 자신의 일에서는 성공을 거뒀다.

그러던 중 28번째 생일에 다녀온 남아프리카 여행이 그의 삶을 영원히 바꿔놓았다. 그날은 바로 2004년 새해가 시작되기 전날이었고, 그는 늘 그랬듯이 시중드는 사람들이 딸린 고급 주택에서 여러 사람들과 정신없이 파티를 벌이는 중이었다. 그러다가 아버지가 아프리카 여행 중에 읽으라며 건네준 종교 서적을 발견하게 됐다. 이유를 설명할 순 없었지만 해리슨은 마지못해 그 책을 읽기 시작했다. 그 책은 그에게 어린 시절에 받았던 종교적인 가르침을 상기시켰고 완전한 놀라움으로 그를 사로잡았다. 그 책은 대놓고 그를 모욕하는 것 같았다. 자신이 정신적으로나 감정적, 도덕적으로 가장 타락한 사람이 됐음을 보여줬기 때문이다. 그 모습은 진정한 자신이 아니었고, 그가 되고 싶었던 사람과 정확히 반대되는 모습이었다.

그날 이후 뉴욕으로 돌아온 해리슨은 자신의 삶에 변화를 가져오기로 결심했다. 그는 나이트클럽을 떠나 진짜 자신의 모습을 발견하고 가난한 사람들을 도울 목적으로 다양한 인도주의 단체에 지원하기 시작했다. 하지만 그 어느 단체에서도 그를 받아주지 않았다. 자신이 좋은 일을 하도록 고용해줄 누군가를 찾던 중, 그는 세계에서 가장 가난한 나라로 가서 무상 의료 서비스를 제공하는 인도주의 단체 소속 의료 선박인 머시십Mercy Ships을 알게 됐다. 그들은 해리슨을 내치지 않았고 그렇게 그는 머시십에 합류했다. 그것이 삶을 바꾸기 위한 진정한 첫 발걸음이었다. 해리슨은 머시십의 사진기자로 일하며 그들이 하는 모든 일을 사진으로 담기 시작했다.

새로운 일 덕분에 해리슨은 지구상에서 삶의 조건이 가장 열악한 곳들의 심장부에 직접 들어가 볼 수 있었다. 그리고 그것은 해리슨이 생각했던 것보다 더 '현실적'이었다. 삶을 바꾸겠다는 굳은 다짐도 잠시, 일주일 만에 배를 떠나야겠다고 생각할 정도였으니 말이다. 하지만 그는 주변 동료들의 도움을 받으며 결국 배에 남았다. 그리고 배는 해리슨이 결코 몰랐던 세계로 그를 안내했다.

그는 일을 하며 적절한 의료 서비스를 이용할 수 없는 지역사회가 너무도 많다는 사실을 알게 됐다. 그 지역사회에는 기본적인 의료 서비스만 있어도 쉽게 치료하거나 예방할 수 있는 질병과 질환들이 넘쳐났다. 그리고 이런 고통과 질병이 발생하는 주된 이유 중 하나가 그 지역사회 사람들이 오염된 물을 마시기 때문이라는 사실을 알게 됐다. 시간이 지나면서 그는 깨끗한 물의 부족이 그 세계 사람들이 직면한 가장 큰 장애물이라는 사실을 깨달았고 그 사실은 그의 내부에 있는 무엇인가를 깨어나게 했다. 그는 스스로 낭비한 10년을 절박하게 보상하고 싶었고 그래서 남은 날들을 봉사하는 삶으로 채워야겠다고 결심했다. 그리고 자신의 사명은 더러운 물 문제를 해결하는 것임을 깨달았다. 그 어떤 사람도, 그 어떤 아이도 병들고 심지어 죽음에 이르게 할 수 있는 더러운 물을 마시지 않도록 하겠다는 결심이 피어난 순간이었다.

여전히 머시십에서 일하던 중 그는 잠시 뉴욕에 왔다 들른 클럽에서 깨달음의 순간을 맞이하게 된다. 클럽에 앉아 있는데 누군가가 그를 위해 16달러짜리 마가리타를 사준 것이었다. 그는 머시십에서 고통스러운 현실을 수없이 목격했던 만큼 처음에는 술 한 잔에 그렇게 많은 돈을 쓴다는 사실에 화가 났다. 하지만 이내 홍보 담당자로 일했던 사고가 작동했고, 그곳에서 기회를 봤다. 술 한 잔에도 16달러를 쓰곤 하는 자신의 친구들이 그 금액으로 아프리카에 있는 한 마을을 돕기 위해 할 수 있는 엄청난 일을 알게 된다면 얼마를 쓰려고 할지 상상해보라!

그는 머시십에서 1년간 더 일했고 뉴욕으로 돌아오면서 자신이 가장 잘 아는 일을 하기로 결심했다. 뉴욕에서 가장 인기 있는 나이트클럽에서 자신의 31번째 생일 파티를 여는 것이었다. 하지만 이번에는 친구들에게 술을 사주거나 선물을 가져오는 대신, 파티 참석비로 20달러를 내달라고 부탁했고 그 돈이 아프리카 우간다에 있는 피난민 캠프에 우물을 파는 데 보내질 거라고 말했다. 그날 밤이 샐 때까지 파티에 모인 사람들은 1만 5,000달러를 모았다. 그 돈은 우간다 북부의 한 피난민 캠프에 새로운 우물 세 개를 파고, 고장 난 우물 세 개를 고치는 데 모두 사용됐다. 그 캠프에는 3만 가구의 난민 가족들이 살고 있었고 깨끗한 물은 거의 없었다.

그날 밤 그렇게 자선단체 '채리티 워터Charity: Water'가 만들어졌다. 해리슨의 31번째 생일 파티는 2006년 열렸고, 그때 이후 이 단체는 5만 명의 개인에게서 9,500만 달러 이상을 모금했으며 24개국에서 진행된 1만 7,000개가 넘는 프로젝트의 자금 조달을 도왔다. 지금까지 채리티 워터의 혜택을 받은 사람들의 숫자는 1,000만 명이 넘는다.

🗨 채리티 워터 이야기에서 기억해야 할 것

전 세계에 존재하는 물 위기의 절망과 긍정적인 변화를 가져올 희망을 결합시키는 해리슨의 녹특한 능턱은 그 자신과 채리티 워터를 매우 기억에 남는 존재로 만들었다. 그는 자신이 해결하려는 문제와 제공하는 해결책, 가능한 일에 대한 비전을 이야기할 때 모든 면에서 단순함을 유지했다. 그는 몇 시간 동안 청중을 즐겁게 해주고, 그들의 참여를 유도하는 설득력 있는 이야기를 통해 감정적인 고리를 만들었고, 그들의 마음을 움직여 행동하도록 만들었다.

나는 텍사스 오스틴에서 개최된 채리티 워터 행사에서 해리슨의 연설을 처음 들었던 때를 결코 잊지 못한다. 그는 개인적인 삶의 기복에 대해 이야기하며 사람들의 관심을 사로잡았고, 어떻게 자신의 여정이 그가 설립한 비영리단체의 탄생과 진화로 이어졌는지를 공유했다. 연설이 끝났을 때, 사람들은 지구 반대편에 존재하는 난민들의 삶에 변화를 가져다줄 수 있다는 낙관주의에서 비롯된 강렬한 감정을 느꼈다.

행사 후에 나는 해리슨을 만났고 그의 영상을 만들 기회를 얻었다. 나는 설득력 있는 이야기들을 통해 감정적인 고리를 만드는 그의 독특한 능력을 직접 경험할 수 있었다. 해리슨은 롤러코스터와도 같았던 과거에 삶에 관한 내용이건 자신이 경험한 혁신에 관한 내용이건 혹은 자신이 운영하는 비영리단체가 사람들에게 미친 영향에 관한 내용이건 상관없이, 경험에서 나오는 날 것 그대로의 감정을 공유함으로써 일관되게 강렬한 인상을 남겼다.

또한 그는 더러운 물이 전 세계 모든 전쟁에서 생긴 사망자의 수보다 1년 동안 더 많은 수의 사람들을 죽음으로 내몬다는 사실과 지구상에 사는 사람 열 명 중 한 명이 깨끗한 식수를 구할 수 없다는 현실을 알려준다(숫자의 활용). 그는 채리티 워터가 다루는 전 세계적인 거대한 문제를 설명하고, 해결 방안을 공유하고, 거기에 참여하는 일을 믿을 수 없을 정도로 간단한 일로 만든다(단순함). 심지어 '물이 모든 것을 바꾼다'는 채리티 워터의 슬로건조차도 이해하기가 무척 쉽다. 또한 해리슨과 그의 팀은 그들이 발휘하는 영향력에 경외감이라는 요인을 부여함으로써 설득력 있고 영감을 주는 이야기 콘텐츠를 끊임없이 창조하고 있다. 이런 경외감 요인은 그와 채리티 워터 이야기를 절대 잊어버릴 수 없는 것으로 만든다.

START
WITH
ST$RY

제7장

'그래서 어쩌라고?' 요인 극복하기

이야기가 얼마나 훌륭한가에 상관없이 '그래서 어쩌라고' 요인을 극복하려면 상대방의 심금을 울릴 수 있어야 한다. 창업에 관한 당신의 이야기를 들을 때 상대방은 의식적이건 무의식적이건 자기가 관심을 가지는 내용을 걸러낼 것이다. 그리고 자문할 것이다. '내가 대체 왜 여기에 신경을 써야 하지? 이 일이 나한테는 어떤 영향을 미치는 걸까? 나한테 이익이 되는 건 뭘까?'

어떤 부모든 자기가 낳은 아기가 세상에서 가장 귀엽고 귀하다고 믿는다. 기업가들도 진심으로 자기 사업이 지금 현재 일어나고 있는 일들 중에 가장 중요하다고 믿는다. 하지만 200명의 아기들을 한 줄로 세워보면 내 자식이라고 다른 아이들보다 특출나진 않은 게 현실이다. 스타트업들과 새로운 제품에 대한 개념도 마찬가지다.

50개 정도의 신생 기업에 대한 이야기를 읽다 보면 어느 순간 그 이야기들이 전부 비슷하게 들리기 시작한다. 9년간 《안트러프러너 매거진Entrepreneur magazine》의 편집장을 맡았던 에이미 코스퍼Amy Cosper는 잡지를 운영할 때 하루에만 29건의 검토 자료를 받았다고 한다. 그러니 개중 읽어본 자료는 몇 건에 지나지 않았고, 잡지에 실린 이야기들은 그보다 훨씬 더 적었다고 말한다.

내가 대화를 나눈 대부분의 엔젤 투자자들과 벤처캐피탈리스트들에 따르면 그들은 연간 500개에서 1,000개 정도의 투자 제안서를 받지만 해마다 투자하는 건수는 4~5건 정도다. 미디어 다이내믹스Media Dynamics가 발표한 한 연구 결과에 따르면 우리는 하루에 평균 360건 정도의 메시지를 받지만 응답을 하지 않고, 한다 해도 그중 일부에만 반응을 보인다.[13] 나 역시 SXSW 인터랙티브(미국 텍사스주 오스틴에서 열리는 컨퍼런스로 음악, 영화, IT를 아우르는 융복합 축제. 해마다 주목할 만한 뮤지션을 소개하고 다양한 기술 기업들이 자신의 아이디어를 선보인다 – 옮긴이)의 자문역으로 매년 수백 건의 신청서를 검토하지만 나에게 진정으로 와닿는 소수의 신청서에 대해서만 투표를 한다.

이 모두가 의미하는 바는 단 하나다. 마침내 목표로 삼은 청중 앞에 서게 됐을 때, 당신의 이야기가 돋보이는 것만으로는 부족하다. 그보다는 '그래서 뭐 어쩌라고' 요인을 극복하는 게 더 중요하다. 당신의 이야기에는 목표 청중들에게 실제로 의미가 있고, 일단 이야기를 들으면 행동을 취하도록 만드는 촉매가 될 만한 특별한 요소나 구체적인 특징이 있어야 한다.

이렇게 한번 생각해보라. 가족이나 가까운 친구가 아닌 그냥 아는 사람의 졸업식에 초대받아 간 적이 있는가? 그런 지인을 초대했던 적은? 대부분은 가족이나 친지, 친구, 연인을 응원하기 위해 졸업식에 가지 오프라 윈프리가 축사를 하는 것도 아닌데 그냥 지인의 졸업식에 가는 사람은 거의 없다. 대부분의 사람들은 당신의 졸업식에 관심이 없다. 흥미롭지도 않고 그다지 도움도 되지 않기 때문이다. 하지만 훌륭한 이야기가 있다면 상황이 달라진다. 당신의 졸업식이 자신이 참석한 모든 행사 중 최고였다고 생각하게 만들 수 있다. 그들이 그 행사를 너무나 좋아해서 오프라 윈프리가 거기에 올 거라고 믿게 만들 수도 있을 것이다.

다음에 소개하는 한 가지 혹은 그 이상의 요소들을 활용한다면 당신의 이야기는 '그래서 어쩌라고' 요인을 극복할 수 있다.

💬 강렬한 대비: 비포 앤드 애프터

대중과의 관계에서 '그래서 어쩌라고' 요인을 극복할 수 있는 가장 효과적인 방법 중 하나는 이야기에 '전과 후' 사례를 활용하는 것이다. 이 사례는 사진이나 비디오, 그래프 혹은 생생한 묘사를 통해 도입할 수 있다. '전과 후' 사례는 상대방과 공감할 수 있는 훌륭한 방법이다. 누군가 혹은 어떤 것이 과거의 위치에서 현재의 위치에 도달하기까지 이룬 진전을 보여준다면 상대방은 관심을 가지게 된다.

'전과 후' 식 참조가 어떻게 활용되는지 보여주는 훌륭한 사례는 바로 인포머셜^{informercial}이다(15분에서 30분 정도의 길이로 진행되는 설명식 TV 광고로, 토크쇼 형태로 진행되기도 한다 ─옮긴이). 당신이 밤늦게까지 깨 있거나 주말에 일찍 일어나서 TV 채널을 이리 저리 돌려본 적이 있다면 인포머셜을 한두 개 정도 보고, 그 과정에서 무엇인가를 구입하기도 했을 것이다. 그 광고들은 다소 가식적이지만 시작된 지 거의 70년이 지난 지금도 여전히 TV에 등장한다. 사람들이 행동을 취하도록 하는 데, 그러니까 구매를 유도하는 데 매우 효과적이기 때문이다.

이들 인포머셜은 대부분 당신의 삶을 바꿔줄 거라고 주장하는 제품들을 보여준다. 그들은 그들의 제품으로 다이어트에 성공하고 외모가 바뀔 거라고 약속한다. 혹은 주방이나 정원에서 보내는 시간을 절약시켜줄 주방 기구나 잔디 관련 기구들을 소개한다. 이 프로그램들은 제품의 혜택에 대해 이야기하는 만큼, 설득력 있는 '전과 후' 사진들을 비교해 보여준다. 예를 들어 피트니스 제품의 경우에는 "제가 이 프로그램을 시작하기 전에는 이렇게 생겼었죠"라고 말하는 뚱뚱한 모습의 사진 한 장을 보여주는 것이다. 그런 다음 "10주 후에 저는 이렇게 됐습니다"라고 말하는 균형 잡힌 몸매의 다른 사진을 보여준다. 이런 사진들에는 종종 "저는 삶을 되찾았습니다"라거나 "저는 한 달 만에 9킬로그램을 감량했습니다"라는 문구들이 동반된다. 이미지의 진실 여부와 상관없이, '전과 후'는 그 제품을 사용하거나 그 사업에 관여한 후에 삶이 어떻게 달라질 수 있는지 시각적으로 나타내준다.

토니 호턴Tony Horton은 모든 고객의 '전과 후' 신체 변화를 자신이 반복해서 할 수 있는 이야기로 만들어 5억 달러 규모의 피트니스 왕국을 건설할 수 있었다. 심지어 그는 자신의 몸을 걸어 다니는 광고판이자 사업을 위한 개인적인 이야기로 바꿔놓았다.

토니 호턴은 5학년이 될 때까지 이사를 일곱 번 다녔다. 전학생이라는 입장과 언어 장애, 빈약한 몸매 때문에 그는 끊임없이 괴롭힘을 당했다. 10대가 되자 그는 낮은 자존감을 높이기 위해 스포츠 팀에 들어갔다. 하지만 몸무게가 45킬로그램밖에 되지 않았기에 코치는 연습 과정에서 끊임없이 그에게 소리를 질렀고, 대부분의 경기에서 그는 벤치 신세였다.

시간이 흘러 대학에 진학한 호턴은 사람들 앞에서 말을 더 잘하고 싶어 연극을 공부했고 거기에 점점 빠져들었다. 그렇다고 운동을 게을리 한 것은 아니었다. 호턴은 역도 수업에 등록했고 다행히도 좋은 선생님을 만나 그 수업을 꽤나 즐길 수 있었다. 운동을 할수록 그는 자신이 피트니스에 깊은 열정을 가지고 있음을 깨달았는데, 체육관에서의 규율과 근면함에 따라오는 가시적인 결과에 희열을 느꼈기 때문이다. 하지만 연극을 시작한 이후 그의 꿈은 여전히 할리우드였다. 학점이 몇 점 모자라 졸업을 하지 못하고 계좌에는 400달러밖에 없었지만 호턴은 연극에 대한 꿈을 좇아 할리우드로 향했다. 그는 생활비 마련을 위해 수리공, 정원사, 고고 댄서, 스탠드업 코미디언, 웨이터, 마임공연가 등 닥치는 대로 일을 했다.

그러는 동안에도 피트니스에 대한 호턴의 열정은 식지 않았고 오히려 더 깊이 파고들게 됐다. 그는 체육관에 다니는 바디빌더들과 여러 사람들의 운동법을 면밀히 관찰했다. 그리고 덩치는 크고 유연성이 떨어지는 바디빌더의 체형이 아닌 스피드와 유연성을 높이며 좀 더 마르고 균형 잡힌 몸을 만들어줄 자신만의 운동법을 개발하기 시작했다. 그가 자신의 체형을 다듬는 일을 탁월하게 잘했기 때문에 이를 눈치 챈 사람들은 호턴에게 자기도 훈련을 시켜달라며 부탁하기에 이른다. 그러던 중 호턴은 어느 오디션 자리에서 베테랑 광고 프로듀서인 칼 데이클러Carl Daikeler의 눈에 띄게 된다. 호턴의 몸과 그의 뛰어난 언변에 관심을 갖게 된 데이클러는 호턴을 자신의 개인 트레이너로 채용했고, 3개월 동안 함께 운동하면서 그가 개발한 운동법에 완전히 감동을 받았다. 결코 불가능하리라 생각했던 몸의 변화를 경험한 데이클러는 호턴이 피트니스 시장에 판매를 해도 될 만한 혁신적인 훈련 프로그램을 만들었다는 결론을 내렸다. 그 후 몇 년간 그는 호턴의 훈련법을 카메라에 담아 90일짜리 훈련 프로그램 DVD와 인포머셜로 만들도록 지원했다. 이 프로그램에는 'P90X 워크아웃'이라는 이름이 붙었고 제품 판매에는 '전과 후' 사진과 이야기가 큰 역할을 맡았다.

오늘날 P90X는 미국 내에서 가장 잘 팔리는 피트니스 프로그램이 됐고 출시 이후 400만 개 이상의 DVD가 팔려 7억 달러가 넘는 매출을 달성했다. 그 이후에 호턴은 두 권의 책을 썼고, 거의 모든 피트니스 관련 매체에 등장했으며, '전과 후' 변화 이야기를 흥미롭게 들려주는 능력 덕분에 전 세계 피트니스 분야에서 가장 유명한 아이콘 중 한 사람이 됐다.

즉각적으로 행동하게 만들기

'그래서 뭐 어쩌라고' 요인을 극복할 수 있는 또 다른 효과적인 방법은 결과를 먼저 소개하는 것이다. 사람들은 자신의 행동으로 인한 결과가 긍정적이라고 느끼거나 행동을 하지 않음으로 인한 결과가 부정적이라고 느낄 때, 주의를 기울여야겠다는 선택을 하기 때문이다.

사람들이 종종 자신이 놓치고 있는 것이나 피해야 할 것을 잘 모르기 때문에 이런 결과는 행동하는 경우와 행동하지 않는 경우를 과장할 때 도움이 된다. 결과를 공유한다는 것은 뭔가를 놓치지 않거나 어떤 나쁜 일의 발생을 방지하고 싶어 하는 인간의 타고난 욕구를 이용하는 것이다. 소위 FOMO('Fear Of Missing Out'의 줄임말. 나만 소외될지도 모른다는 두려움)라고 불리는, 사람들의 취약성을 이용하는 일처럼 단순할 수도 있고, "당신이 행동하기만 한다면 말 그대로 한 생명을 구할 수도 있습니다"처럼 심각할 것일 수도 있다.

칼리 로니는 더낫을 시작한 이유에 대해 이야기할 때, 자신은 결혼식 계획을 세울 좋은 방법도 몰랐고 자원도 없었기 때문에 끔찍한 결혼식을 경험할 수밖에 없었다고 말한다. 개인적 경험을 공유함으로써 그녀는 다음과 같은 메시지를 소통하는 것이다. "당신의 결혼식이 내 결혼식처럼 되고 싶지 않다면 더낫을 활용하세요." 블레이크 마이코스키는 탐스 신발에 대해 이야기할 때 이런 메시지를 소통한다. "우리 회사의 신발 한 켤레를 산다면 아르헨티나에 있는 한 어머니가 더 이상 어떤 아이를 학교에 보내야 할지 결정하지 않아도 됩니다."

토니 호턴과 P90X의 경우, 홍보와 광고는 즉각적인 행동에 초점을 맞춘다. 당신은 단 90일 안에 더 건강해질 수 있고, 하루를 좀 더 편하게 보낼 수 있고, 에너지가 더 생기며, 기분도 좋아질 수 있다. 당신이 해야 할 일은 지금 시작하는 것뿐이다. 그는 주로 앉아서 생활하는 당신의 상태 때문에 당신이 더 쉽게 질병에 걸리거나 부상을 당할 수 있다고 말한다. 지금 행동하지 않으면 현재의 불편함이 만성적인 통증으로 바뀔 수 있다고 말이다. 그렇게 호턴은 지금 당장 그의 프로그램을 채택함으로써 스스로를 변화시키고 더 건강하고 행복한 삶을 누릴 수 있다는 메시지를 소통한다.

💬 긴급한 분위기 조성하기

행동을 촉구하는 인포머셜과 비슷하게 "지금 행동하세요. 시간이 얼마 남지 않았습니다"라고 말하면 듣는 사람은 긴급하다는 느낌을 받는다. 마치 그들이 어떤 거래에서 유리한 위치에 있거나 다른 사람의 삶을 바꿀 수 있는 힘을 가지고 있는 것처럼 느낀다면, 그들은 이를 가족, 친구들과 공유할 것이다. 그러면 그 사람들은 그 이야기의 강력한 전달자가 될 수 있고 당신은 결코 다가갈 수 없었을 사람에게도 접근할 수 있게 된다.

이런 시의성을 "이 제안은 24시간 이내에만 유효합니다"처럼 구체적인 조건으로 전달할 필요는 없다. 좀 더 일반적으로 표현할 수도 있다. "기다릴 이유가 없습니다. 이 기업가 스토리텔링 과정은 당신의 비즈니스를 지금 바로 바꿔놓을 것입니다"와 같은 문장은 좀 더 일반적인 의미를 전달한다.

듣는 사람이 투자자라면 시간을 다투는 정보를 이런 식으로 표현할 수도 있다. "산업 내에서 급속한 변화가 진행되고 있습니다. 다른 기업들도 곧 이 시장에 진입할 겁니다. 다른 경쟁 기업들이 이 기회를 보기까지는 약 12개월 정도가 남아 있습니다. 우리가 함께 시장을 바꾼다면 시장의 리더 자리를 선점할 수 있습니다."

핀터레스트의 창업자인 벤 실버맨은 완고한 얼리 어답터에게 자신의 비전을 설명할 때 그들이 가진 수집가적 열정을 자극한다. 그들은 소중히 여기는 수집품들을 소개할 수 있는 최고의 대상을 찾아 헤매던 사람들이었다. 자신이 마음속 깊이 자랑스럽게 여기는 것들을 공유하려는 그들의 욕구를 목표로 삼아 실버맨은 시급하다는 느낌을 조성했다. 자신 역시 뭔가를 수집할 때 그랬듯, 수집가들이 힘들게 만든 자신의 콜렉션을 온라인 매체에서 공개할 방법을 찾고 있다는 점을 파악한 것이다. 많은 수집가들에게 그 일은 생업이거나 절대적인 취미였고, 핀터레스트 같은 배출구는 자신의 열정을 전시하는 데 사용할 즉각적인 도구를 제공했다.

핀터레스트는 또한 사람들이 긴급하게 해결해야 할 문제들에 대해 시각적인 해결책도 제공했다. 다가오는 결혼식에 입을 옷, 주말에 침실을 새롭게 장식하는 방법, 최고의 칠리 스파게티 레시피, 캠핑여행에 가져가야 할 것들 등은 모두 즉각적인 응답을 요구하는 주제들이다. 사람들은 표준적인 구글 검색보다 관련 이미지가 더 많은 핀터레스트의 '수집품'들을 통해서 더 적극적으로 해답을 찾을 수 있었다.

블레이크 마이코스키의 경우, 그는 오늘 탐스에서 신발 한 켤레를 사는 단순한 행동 덕분에 내일 한 어린이가 신발 한 켤레를 얻을 수 있다는 사실을 알려준다. 바로 지금 당신의 구매 때문에 내일 한 어린이가 학교에 가거나 밭에서 가족을 도울 수 있다는 것이다. 탐스 이야기는 당신이 오늘 할 수 있는 일이 내일 전 세계에 있는 누군가의 삶에 극적인 영향을 미칠 수 있다는 사실에 초점을 맞춘다.

창업가 이야기 토니 로빈스 (세계적인 라이프 코칭 전문가)

굴곡진 인생을 살아본 사람만이
들려줄 수 있는 성공 스토리

내가 만난 기업가들 중에서 토니 로빈스Tony Robbins만큼 흡입력 있게 이야기를 하는 사람은 없을 것이다. 그는 상대방으로 하여금 그 이야기가 자신과 관련 있다고 느끼게 만든다. 그는 이 장에서 설명한 모든 요인들, '전과 후'의 달라진 정도, 행동하는 경우와 행동하지 않는 경우의 결과, 행동의 시의성을 어느 누구보다 잘 예시해서 보여준다. 그는 '그래서 어쩌라고' 요인을 극복하는 일의 전문가이며 지구상에 존재하는 최고의 스토리텔러 중 한 명이다. 그는 이야기를 전달하는 데 놀라운 재능을 가지고 있어서 그가 강연하는 세미나에 참석하고 그의 강의를 수강하고 그의 책을 읽으면 당신의 삶이 즉시 그리고 극적으로 바뀔 것이라 느끼게 된다. 나는 그에 대해 들어본 적이 있었고 그의 책도 읽어봤고 그의 비디오도 시청했고, 심지어 그의 온라인 강의 몇 개를 듣기도 했다. 하지만 내가 그의 진정한 힘을 이해한 것은 한 라이브 행사에서 연설하는 모습을 보고 나서 그를 직접 만났을 때였다.

그의 콘텐츠를 경험하고 그의 스토리텔링 능력을 한껏 즐겨온 나는 직접 만나본 그는 어떤 사람일지 무척 궁금했다. 그래서 텍사스주 댈러스에서 열리는 '내면의 힘을 해방시켜라Unleash the Power Within'라는 그의 세미나 중 하나를 듣기로 했다. 그 행사에 대해 생생하게 기억하는 일 중 하나는, 내가 토니 로빈스의 이야기에 너무 깊이 빠져들고 매료된 나머지 화장실을 갈 때나 자리로 돌아갈 때 계속 달리고 있었다는 사실이다. 그의 프리젠테이션을 1분도 놓치고 싶지 않았기 때문이다. 그가 휴식시간도 없이 한 번에 12시간에서 16시간을 연달아 이야기하는 모습을 보면서 나는 완전히 감탄했다. 관객들을 공감하게 만들어 그 순간에 그가 말하는 것이 무엇이든 세상에서 가장 중요한 일이라고 느끼게 하는 그의 능력은 경이로움 그 자체였다. 그는 자신이 하는 모든 이야기를 의미 있는 것으로, 개인적인 이야기로 만들었다.

그의 어린 시절은 특히 험난했다. 중학교에 다닐 때까지 그의 어머니는 결혼을 세 번이나 했다. 계부 중 한 명은 알콜중독자였고 한 명은 약물을 과다 복용했다. 그는 옷걸이로도 맞고 주먹으로도 맞고 벽에 내던져지기도 했다. 학교에서 역시 항상 두드려 맞는 작고 비쩍 마른 소년이었다. 그는 운동에 관심이 없었지만 스포츠에 대한 글을 쓰는 것은 좋아했다. 곧 그는 탁월한 작가의 소질을 보였고 운 좋게도 그의 기사 중 하나가 《타임Time》에 실렸다. 덕분에 그는 어린 나이에 한 지역 TV 방송국에 일자리를 얻게 됐다. 하지만 그의 어머니는 그가 집을 떠나는 것을 원치 않았고 그는 일을 그만둘 수밖에 없었다.

그러다 열다섯 살 때 키가 갑자기 1년에 25센티미터씩 자랐다. 키가 크면서 학교생활에서 자신감을 얻었고 학생회장까지 하게 됐다. 그러나 또다시 그의 어머니는 그가 집에 잘 붙어 있지 않는다는 이유로 화를 내면서 회장직을 그만두게 했다. 그 시점에 그는 친구와 살기 위해 집을 떠났고 외삼촌 회사에서 수위로 일했다. 하지만 아들에게 집착한 어머니가 또 그를 해고당하게 만들었고 그는 집으로 돌아와 어머니와 함께 살아야 했다. 열일곱 살이 되던 해 크리스마스이브에는 그의 어머니가 칼을 들고 죽이겠다고 협박하면서 도망치는 그를 쫓아 집 밖까지 나온 적도 있었다. 어머니가 진심이 아니었다는 걸 알고 있었지만 그는 집으로 다시는 돌아가지 않았다.

고등학교 졸업 후 그는 돈을 벌기 위해 신문사의 영업직원으로 들어갔다. 그에게 맡겨진 일은 집집마다 방문해 음악클럽 구독권을 판매하는 일로 1주일에 500달러를 버는 일이었다. 곧 그는 자신이 영업에 천부적인 소질이 있다는 걸 알게 됐다. 그리고 마침내 행운의 여신이 그를 돕기 시작했다. 그의 고객 중 한 명이 그의 타고난 능력과 열정을 알아차리고, 자기계발과 동기 부여 스피치 관련 산업을 이끌던 짐 론Jim Rohn에게 그를 소개한 것이다. 론은 로빈스에게 세미나와 연설에 대해 가르치고, 이를 각 도시에 있는 기업들에게 판매하는 방법을 가르쳤다. 짐 론은 로빈스의 습득력에 감탄해서 그가 사무실을 차리도록 도와줬다. 곧 그는 열아홉 살의 나이에 한 달에 1만 달러씩을 버는 CEO가 됐다. 순식간에 엄청난 돈을 버는 부자가 되면서 당시 그의 친구들은 이를 질투했고, 그와 더 이상 어울리고 싶어 하지 않았다.

이 상황을 어떻게 해결해야 할지 몰랐던 그는 친구들의 애정을 사고 자신의 욕구를 충족시키기 위해 형편보다 과도하게 지출을 하기 시작했다. 행복한 삶을 만드는 방법에 대해 코칭을 하고 있음에도 불구하고, 그는 자신과 사업을 스스로 망가뜨렸다. 그는 자신의 팀 회의에 더 이상 나타나지 않았고 사업은 말 그대로 무너져내렸다. 그는 담보로 제공했던 사무실을 빼앗겼고 파산으로 인해 우울함에 빠지고 희망을 잃었다. 석 달 동안 체중은 17킬로그램이나 늘어났고 그는 끝도 없이 추락하는 소용돌이 속에 빠진 듯 괴로워했다. 아파트에 갇힌 채

아무도 만나려 하지 않았다. 누가 밀린 공과금을 받으러 올까 봐 두려움에 떨었다.

그런 불행한 나날을 보내던 어느 날 그는 해변에 나가서 달리기를 해야겠다고 생각한다. 멍한 상태로 달리기를 하면서 그는 자신이 왜 살이 쪘고, 불행해졌고, 파산을 했는지 분석하기 시작했다. 한참의 고민 끝에 그는 그런 부정적인 감정들이 변화하고자 하는 자신의 욕구에 불을 붙일 연료가 될 수 있다는 사실을 깨달았다. 달리기에서 돌아온 그는 삶의 모든 것을 새롭게 바꾸겠다고 맹세했다. 그리고 자신이 삶에서 전념하기로 결심한 모든 것, 돈, 건강, 사업, 관계에 대해 적어 내려갔다. 자신이 누릴 만한 가치가 있는 삶을 창조하겠다는 결심을 했고 자신이 했던 일과 스스로에게 한 약속 등 모든 것을 바꿔나가기 시작했다. 그는 짐 론에게서 배운 모든 것과 자신의 삶에서 배운 교훈 모두를 라이프 코칭 공식에 함께 집어넣었다.

그는 고객을 확보할 때까지 무료 세미나와 무료 코칭을 해주며 자신의 이름을 알려 나갔다. 그의 무료 코칭에 참여하는 사람이 많아지면서 그는 그들에게 비용을 청구하고 코칭 기간도 몇 시간에서 며칠로 늘리기 시작했다. 하루에 60달러를 받고 세 시간 동안 강의를 하거나 300달러를 받고 3일짜리 워크숍을 진행하기도 했다. 나는 4일에 1,000달러를 지불하는 과정을 들었다. 일주일 동안 진행하는 다른 프리미엄 과정들도 있었는데 그런 과정들은 가격이 1만 달러에서 1만 5,000달러까지 올라가기도 했다. 현재 그의 세미나에 참석했던 사람들의 숫자는 400만 명이 넘고, 그의 책을 산 사람은 5,000만 명이 넘는다. 그의 강연을 담은 DVD는 24개국에서 판매되고 있다.

토니 로빈스는 가장 성공적인 연설가이자 기업가 중 한 명으로, 미국에서 가장 많이 인용되는 사람 중 한 명이기도 하다. 그리고 거기에는 충분한 이유가 있다. 그의 강력한 메시지는 진지하게 생각해보게 만드는 개인적인 서사로, 누구나 이를 활용해 삶의 통제권을 회복하고 소망하는 변화를 일으키기 위한 도움을 받을 수 있다.

그는 모든 이야기에서 당신을 자극하고 자신만의 중요한 의미를 발견할 수 있도록 해준다. 그에게는 자기가 하는 모든 이야기를 당신의 이야기로, 당신이 사업에서나 개인적인 삶에서 바꾸고 싶은 그것으로 변모시키는 능력이 있다. 그의 세미나를 듣고 돌아올 때면 당신이 아는 모든 사람에게 그 세미나를 추천하고 싶어진다. 로빈스의 강연을 들으며 당신이 느낀 감정을 그들도 느끼기를 바라기 때문이다.

토니 로빈스의 스토리텔링 능력은 내가 이제까지 본 가장 독특한 능력 중 하나로 '그래서 어쩌라고'와 '왜 내가 신경을 써야 하지?'의 요인을 완벽하게 해결한다. 그는 자신의 개인적인 삶 깊숙한 곳까지 공유하며 청중을 끌어들인다. 그는 또한 당신이 '전과 후' 시나리오와 자신이 직면한 결과에 공감하게 만든다. 그리고 그의 취약성은 당신이 몇 년이 지나도 잊을 수 없는 기억에 남는 이야기들을 만들어낸다. 그의 이야기들은 그가 다루는 모든 주제와 관련해 감정적인 연결 고리를 만들어내는 동시에, 삶이 당신을 압도하도록 내버려뒀을 때 당신에게 일어날 수 있는 결과들을 예시해서 보여준다. 그가 공유하는 모든 경험은 열정과 경외심을 불러일으키기 때문에 당신은 즉시 행동을 취하고 싶어진다. 그의 세미나에 참여했건 책이나 DVD를 샀건 관계없이, 토니 로빈스는 다양한 단계에서 당신에게 공감을 일으키며 당신을 자신의 이야기 속에서 벗어날 수 없도록 만든다.

START
WITH
ST$RY

제8장

어떻게 이야기를 만들 것인가

지금까지 성공적인 기업가 이야기를 구상하기 위한 기초와 핵심 구성 요소들을 살펴보았다. 그럼 이제 당신의 이야기를 만들어볼 차례다. 그 일에 압도당하는 느낌을 받는다고 해도 걱정하지 말라. 당신만 그런 것이 아니다. 나와 함께 일했던 많은 사람들이 어떤 이야기를 어디서부터 시작해야 할지 확신하지 못한다. 혹은 자신의 이야기가 너무 평범한 것은 아닌지 두려워한다.

하지만 창업자라면 누구나 다른 사람들에게 들려줄 만한 가치 있는 이야기가 있다. 상투적으로 들릴지 모르지만 이건 진실이다. 우리 모두는 살면서 엄청나게 놀라운 일, 비극적인 일, 어이없는 일들을 경험했다. 그리고 살면서 당신이 겪은 경험과 사업을 연결할 방법은 수없이 많다. 당신은 특별한 사람이며 그런 당신의 특별한 경험에서는 엄청난 이야기가 탄생할 수 있다. 이 점이 중요한 이유는 내가 영상에 담았던 성공한 기업가들 거의 모두가 그들의 사업 스토리를 만들기 위해 개인적인 경험을 활용했기 때문이다.

칼리 로니는 끔찍했던 결혼식 경험을 공개하지 않을 수도 있었지만 이를 다른 사람들과 공유했고, 그 경험은 그녀의 사업을 대표하는 가장 커다란 명함이 됐다. 그녀의 경험은 더낫을 엄청난 브랜드로 만들었다. 하워드 슐츠가 그저 이탈리아 카페에서 사진만 찍고 집으로 돌아와 커피 원두 파는 일을 계속했다고 상상해보라. 그가 제3의 장소에 대한 경험을 공유하지 않았다면, 오늘날 우리가 아는 커피 문화는 완전히 달라졌을 수도 있다.

당신과 당신이 진정 좋아하는 무언가에 관한 이야기를 만들 때, 이는 개인적인 차원에서 상대방과 교감할 수 있는 기회를 마련해준다. 그리고 그 개인적인 교감은 당신이 필요한 것을 얻는 데 이야기를 활용하도록 도와줄 것이다. 내 시스템의 장점은 당신이 의미 있는 경험들을 선택하고 그중에서 사업에 필요한 가장 적절하고 강력한 경험을 추출해내고 이를 당신의 창업 이야기를 만드는 기반으로 활용할 수 있다는 점이다.

💬 1단계: '이야기 자산' 구축하기

이야기를 구상하려면 그전에 훌륭한 이야기를 만들기 위한 준비로 '이야기의 자산'을 적절하게 확보해야 한다. 이 자산은 당신이 좋아하는 레시피로 음식을 만들 때 사용하는 재료와 같다. 추수감사절 파티를 준비할 때 칠면조만 사놓고 끝났다고 할 수는 없다. 적절한 만찬을 준비하려면 모든 야채와 고기, 양념, 술을 준비해야 한다. 이야기를 만들 때 해야 할 일도 똑같다.

'만찬'을 위한 토대는 당신이 공유하고자 하는 경험에 참조가 되는 것들을 바탕으로 한다. 각 경험에는 해당되는 일련의 사건, 장소, 기억, 아이디어, 사물, 사실, 사람, 날짜가 있다. 음식과 마찬가지로 재료나 자산의 품질이 더 뛰어날수록 최종 결과물도 더 훌륭하기 마련이다.

: 인생의 타임라인 작성하기

어떤 경험을 이야기의 주춧돌로 사용하고 싶은지 확신이 들지 않을 때는 자기 자신의 역사를 연대기적으로 작성해보거나 내가 '크로노CHRONO 역사'라고 부르는 작업을 해볼 것을 추천한다(크로노는 그리스 신화에서 시간의 신인 크로노스Chronos에서 나온 접두사로 '시간'을 의미한다 – 옮긴이). 이 작업을 이해하는 가장 단순한 방식은 사업과 관련하여 당신의 자서전을 쓴다고 상상하는 것이다. 만약 당신이 자서전을 쓴다면 어떤 사건에서부터 시작해야 할까?

나는 TV 방송에서 방영될 기업가 시리즈를 기획하거나 기업

홈페이지 등에 들어갈 창업자의 기원 이야기를 담은 영상을 제작할 때면, 대개 제작 전 과정의 일부로 크로노 역사를 작성하곤 한다.

먼저 그들의 생년월일과 출생지부터 시작한 다음 이를 주요 구성 요소들로 구분한다. 어린 시절과 성장기, 교육을 받던 시기를 살펴보고 학교를 떠난 후에는 그들의 삶이 어땠는지 살펴본다. 최초로 가진 직업, 직업적인 삶에 있어서의 중요한 변화, 직위, 사업이나 개인적 삶에 영향을 미칠 수도 있었던 다른 핵심 사건 같은 것들 말이다. 여기에는 직업의 변동, 결혼, 최초로 구입한 집, 취미, 그들에게 가장 인상 깊었던 책, 아이들이 있다면 첫 번째 아이, 아이들이 없다면 첫 번째 반려견 등이 모두 포함된다. 그들의 삶에서 사업에 영향을 끼칠 수 있었던 인상 깊은 경험을 대변하는 것이라면 어떤 것이든 크로노 역사에 포함시킨다.

당신도 이 과정을 활용해볼 수 있다. 어린 시절부터 학창 시절, 결혼, 최초의 일자리까지 직업상의 경력에서 당신을 지금의 위치까지 오게 만든 삶의 주요한 모든 사건들을 한번 적어보자. 시시콜콜한 세부 항목까지 챙길 필요는 없지만 당신 사업의 '왜', '무엇을', '어떻게' 부분에 의미 있는 영향을 끼친 주요 사건이라면 이야기 자산의 일부가 될 수 있으므로 모두 써봐야 한다.

이야기 자산에 더할 내용이 많을 수도 있고, 쓸 내용이 몇 가지 없을 수도 있을 것이다. 어떤 경우라도 걱정할 필요는 없다. 자산 확보 과정 중 이 단계에서 분량은 문제가 되지 않으니까 말이다. 나는 첫 번째 심사 과정에서 당신이 넣을 내용과 뺄 내용에 대해 걱정하지 않았으면 한다. 그 대신 삶에서 강렬한 의미를 가졌던 사건과 경험에 대해 생각해보길 바란다. 세세한 사항은 나중에 추가할 수 있다.

내가 이 과정을 진행할 때 가장 좋아하는 작업 중 하나는 모든 사건을 시간대별로 워드 문서에 적어넣는 일이다. 그런 다음 그 정보를 파워포인트 문서에 옮긴다. 슬라이드로 나눠서 이리 저리 이동시키는 방식을 좋아하기 때문이다. 나에게는 이 방법이 시각적으로 사건을 이해하는 데 도움이 됐다. 어떤 방법이든 당신이 가장 합리적이라고 생각되는 방법으로 이 작업을 해볼 것을 추천한다. 포스트잇이든 화이트보드든 일기든 상관없다. 핵심은 요리를 할 때처럼 시작하기 전에 모든 것을 준비해두라는 것이다. 요리를 하기 전에 모든 재료와 도구를 모아둬야 한다. 맛있는 요리를 만드는 데 많은 재료가 필요한 것은 아니지만 좋은 양념 세트, 약간의 단백질과 채소, 알맞은 칼과 요리용 팬이 있다면 음식을 완벽하게 조리해서 맛을 좋게 만들 수 있을 뿐만 아니라 영양적으로도 만족스럽고 배가 부르게 식사를 할 수 있다.

: 주춧돌이 되는 경험 선택하기

기업가 이야기의 주춧돌은 경험이라는 사실을 기억하라. 당신의 크로노 역사를 훑어보고 거기서 이야기의 주춧돌이 됐으면 하는 경험을 하나 선택하리. 주춧돌 경험을 선택할 때는 제4장에서 설명한 사람들과 공유하고 싶은 이야기의 유형에 대해 생각해보는 게 도움이 된다. 드롭박스를 만든 드류 휴스턴처럼 기원 이야기를 공유하고 싶다면, 당신이 회사를 창업하게 만든 경험을 찾아보라. 버틀러 가방을 만든 젠 그루버처럼 깨달음의 순간에 관한 이야기를 공유하고 싶다면, 당신의 여정 중에서 깨달음의 순간을 찾아보라. 만약 공유하고 싶은 이야기가 칼리 로니의 결혼식처럼 불행했던 경험이라면, 끔찍했던 기억을 찾아보라. 애덤 브라운과 약속의 연필처럼 소명을 찾게 된 이야기를 공유하고 싶다면, 당신이 지금 하고 있는 일을 왜 하게 됐는지 그 이유를 발견했던 순간을 찾으라. 벤 실버맨의 수집가 이야기처럼 문제 해결에 관한 이야기를 하고 싶다면, 가지고 있던 문제의 해결책을 찾았던 순간으로 돌아가서 생각해보라. 당신이 아마존을 만든 제프 베이조스처럼 빅 아이디어를 바탕으로 창업했다면 그 경험에서 시작해보라.

 ## 2단계: 이야기 조직하기

자신에 대한 이 모든 정보를 찾아내고 모았다면 이제는 이 정보들을 합리적인 방식으로 합쳐야 한다. 나도 이 순간들을 수백 번 넘게 경험했고, 이 지점에 다다르면 때때로 다소 압도당하는 느낌을 받을 수 있음을 안다. 하지만 이 단계야말로 크로노 과정이 제 역할을 하기 시작하는 지점이다. 이해를 돕기 위해 크로노 과정에서 이 부분이 어떻게 진행되는지 설명해보겠다.

기업 영상 제작자로서 기업가를 대상으로 인터뷰를 하기 위해 가장 중요한 일은 그들에게 무슨 질문을 할지 준비하는 일이다. 나는 종종 내가 졸업 시험을 위한 공부를 하고 있고 내 성적이 이 인터뷰에 달려 있기라도 한 것처럼 준비를 한다. 이런 이유로 나는 그 기업가의 배경과 그 기업의 '누가', '무엇을', '어디서', '왜', '어떻게'를 파악할 수 있도록 그 기업가에 관한 가능한 많은 정보를 구하려고 노력한다. 이는 이야기 자산을 구축하는 과정과 비슷하다.

이를 위해 나는 배경연구 서류 혹은 'BR3'에서부터 작업을 시작한다(내가 이 자료에 'BR3'라는 이름을 붙인 까닭은 이 일을 제대로 하려면 세 번의 반복 작업이 필요하고, 이 과정을 공식화하도록 도와준 내 오랜 조수의 이름이 브렛 랜델Brett Randell이기 때문이다). 이 서류는 길이가 약 60~90쪽 정도며(온라인과 오프라인에서 얼마나 많은 데이터를 얻을 수 있는지에 따라서) 여기에는 웹사이트, 홈페이지, 회사 페이지, 트위터, 인스타그램, 페이스북에서 얻을 수 있는 폭넓은 범위의 정보가 다 들어간다. 거기에 그들이 올린 블로그 포스트, 그들에 관한 분석 기사, 그들이 등장하는 인터뷰 영상 등도 포함한다. 시간이 허락한다면 동료나 언론 기자, 회사 직원 등 그 창업자를 아는 사람들과 대화를 나눈다. 이 모든 단계를 기록으로 남기고 이를 BR3에 추가한다. 복잡하게 들릴지 모르지만 이 일은 그렇게 어렵지 않고, 엄청나게 도움이 될 뿐만 아니라 큰 혜택으로 되돌아온다.

그런 다음 BR3에 넣어둔 과다할 정도로 많은 정보를 타임라인별로 정리해서 그들이 결국 어떻게 지금의 이 지점에 도달했는지 보는 데 활용한다. 또한 성격, 사업 모델, 흥미 있는 사실들을 다루는 추가 섹션도 만든다. 그들에게 의미를 가지는 사건과 그들이 어떻게 지금의 위치에 오르게 됐는지 기본적으로 이해할 수 있도록, 크로노 역사에 기여할 수 있는 것이라면 무엇이든 모으는 것이 중요하다. 정보들이 모이고 나면 이 중에서 주춧돌이 될 경험과 관련된 이야기의 기본 요소들을 선택해야 한다.

: SoFE 프레임워크의 활용

다음은 개인적인 이야기를 만들 때 당신이 활용했으면 하는 과정이다. 여기서는 크로노 역사를 SoFE 프레임워크 안에 옮겨 넣는 작업을 할 것이다. 선택한 경험 위에 크로노 역사와 당신의 이야기를 올려놓기 위해 SoFE 프레임워크를 활용해 이야기의 기본 요소들을 찾아내고 모든 자산을 조직화하는 작업을 시작할 수 있다. 여기서 당신은 SoFE 프레임워크와 친해져야 한다. 선택한 경험을 활용하면서 크로노 역사에서 그 경험과 관련된 자산을 꺼내 적절한 범주에 배치하라. 이 작업이 끝나면 다섯 개의 구성 요소가 모두 채워져야 한다.

: 설정

설정에서는 지금의 일을 하게 만들었던 최초의 불꽃이 '언제', '어디서', '어떻게', '왜' 튀었는지 파악하기 위해 다음 질문을 해야 한다.

- 창업하기 전에 무엇을 하고 있었나?
- 언제 회사를 창업했나?
- 어떻게 회사를 창업했나?
- 어디서 회사를 창업했나?
- 누구를 위한 제품 혹은 서비스였나?
- 왜 당신은 이 일을 하고 있는가?

이 질문들은 당신의 이야기에 사람들을 끌어들이기 위한 배경 사건을 구성하는 데 도움이 될 수 있다.

: 사건

다음으로 사건을 보자. 사건은 일이나 당신의 아이디어에 극적인 영향을 미친 경험이나 문제, 영감을 의미한다. 여기서는 스스로에게 다음과 같은 질문을 해야 한다.

- 당신의 삶을 바꿔놓은 일은 무엇이었는가?
- 당신의 아이디어를 통해서 해결하려고 하는 문제는 무엇인가?
- 당신이 행동하도록 만든 촉매가 됐고, 이 길에 들어서게 만든 영감은 어떤 것이었나?

사건은 당신의 삶에서 잊을 수 없는 순간들을 아우른다. 이 사건은 '반드시' 상대방의 관심을 사로잡아야 하고, 그들에게 '다음에 어떤 일이 일어났을까?' 하는 궁금증을 불러일으켜야 한다. 그 사건이 당신의 삶에 미친 영향력이 더 강할수록 나머지 부분을 더 잘 설정할 수 있게 될 것이다. 당신은 일자리를 잃었을 수도 있다. 하던 일을 새로운 관점으로 보게 되는 어떤 일을 맞닥뜨렸을 수도 있다. 엄청난 실패를 했을 수도 있고, 당면한 문제 때문에 심한 좌절을 겪었을 수도 있다. 어쩌면 아무도 발견하지 못한 엄청난 기회를 당신이 알아봤을 수도 있다. 그것이 어떤 순간이건 상대방이 이를 공감하고 그 순간의 영향력이 얼마나 강력했는지 이해할 수 있을 만큼, 당신에게 의미 있는 방식으로 영향을 미친 것이어야 한다.

: 도전

일단 설정과 사건을 위한 이야기 자산을 확보했다면 이야기의 중간 부분으로 이동해도 된다. 중간 부분의 첫 번째 구성 요소는 도전이다. 도전은 당신이 직면한 장애물들을 뜻한다. 이는 어떤 일에서 발생한 차질이나 실패, 의문일 수도 있다. 앞에서 사용한 것과 똑같은 질문 과정을 활용해서 다음 질문에 답을 해보라.

- 당신은 어떤 어려움에 직면했는가?
- 어떤 장애물을 극복했는가?
- 어떤 좌절을 견뎌야 했는가?
- 어떤 일에 실패했는가?
- 당신이 해결해야 했던 의문들은 무엇이었나?

여기서 당신이 더 정직하고 구체적이고 성찰적 태도를 보일수록 당신의 이야기에는 더 설득력이 생길 것이다. 예를 들어 어떤 아이디어의 사업화를 추진하기 시작했는데 돈이 없었다는 것이 장애물에 해당할 수도 있다. 그래서 당신은 자동차와 집을 팔고 부모님 댁으로 들어가야 했을 수도 있다. 혹은 아이디어 피치만 40번을 했는데도 계속 거절당했을 수도 있다. 당신이 진정으로 두려워한 것이 무엇이었는지 생각해보라. 당신과 관련해 사람들이 알게 되면 어쩌나 걱정하는 이야기는 무엇인가? 당신을 하찮게 볼까 봐 걱정하는 이야기는 무엇인가? 당신이 취약해질 수밖에 없는, 두려운 그 장소로 가라. 이런 일들은 훌륭한 이야기의 소재가 될 수 있다. 당신이 깊게 파고들거나 종이에 써내려가기 불편하게 느끼는 일일수록 더 좋다. 이 단계에서는 당신이 쓴 글을 아무도 보지 않을 것이다. 그런 일들을 여기에 모두 내놓아라. 줄여나가는 것은 그다음 일이다.

: 변화

모든 장애물과 실패들을 적었다면 중간 부분의 두 번째 구성 요소인 변화로 옮겨가도 좋다. 변화는 해결책의 발견이나 계시의 순간을 의미한다. 변화는 당신이 마주친 모든 도전 후에 발생한 중요한 어떤 일이다. 이야기를 중대하고 장엄한 부분으로 이끄는 깨달음의 순간이 될 수도 있고, 당신이 내린, 혹은 심지어 당신을 위해 내려진 결정일 수도 있다. 이 부분은 클라이맥스이자 이야기의 전환점이다. 당신이 모든 도전과 장애물을 이

겨낸 후에 느낀 깨달음일 수도 있다. 스스로에게 다음의 질문을
던져보라.

- 당신이 찾아낸 해결책은 무엇이었나? 한두 문장 이내로 써보라.
- 왜 그때가 계시의 순간이었는가?
- 이 일은 누구에게 가장 큰 영향을 미칠까?
- 어떻게 이 아이디어나 개념이 모든 것을 바꿔놓을 것인가?
- 어째서 이 일이 당신에게 의미가 있는가?

당신은 아이디어 찾는 작업을 계속 해오고 있었지만 해결책
을 생각해내지 못했을 수도 있다. 그러다 갑자기 이렇게 생각했
을 수도 있다. '맙소사! 바로 이거야. 이건 아이폰 이후로 가장
위대한 발명이 될 거야.'

: 결과

중간 부분을 끝냈다면 이제는 마지막으로 이 모두를 합쳐야
할 때다. 바로 여기가 결과를 보게 되는 곳이다. 결과란 상대방
이 변화가 일어났음을 충분히 인지하고, 그들에게 어떤 감정(당
신이 그들에게 원하는 '목표 감정')을 불러일으키는 이야기의 구성
요소다. 당신의 이야기를 듣고 그들이 어떤 감정을 갖기를 원하
는가? 예를 들어 변화는 당신이 몇 달의 시도 끝에 최초의 계약

을 성사시켰다는 것이고 그 사건에서의 결말은 당신의 삶이 변했다는 사실이다. 혹은 누군가가 당신 회사의 제품을 사용해보고 그동안 자신을 괴롭혀온 문제를 해결했다고 당신에게 알려주는 경우일 수도 있다. 당신의 제품이 몇 년 만에 처음으로 그들에게 좋은 기분을 느끼게 해줬던 것이다. 이 이야기를 들음으로써 당신은 당신 제품의 시장성을 확인할 수 있었고 당신의 사업에 풀타임으로 매달리게 된 것이다. 여기서 당신은 스스로에게 다음의 질문을 해볼 수 있다.

- 변화가 일어났을 때 당신에게는 어떤 일이 일어났나?
- 당신이 생각해낸 해결 방법의 결과는 어떤 것이었나?
- 중요한 결정을 내린 후 어떤 일이 일어났나?

이 결과가 당신의 이야기를 듣는 상대방에게 반응을 촉발시키리라는 점을 기억하라. 당신은 당신에게 유리한 결정을 내리도록 그들의 마음을 움직이고 싶어 한다. 상대방이 '와, 엄청난 일이군. 내가 여기에 어떻게 참여할 수 있을까?' 혹은 '나는 이일을 응원하고 싶어' 혹은 '나는 이걸 다른 사람들과 공유하고 싶어'라는 생각이 들도록 말이다. 상대방이 행동을 취하지 않을 수 없도록, 당신이 원하는 감정을 만들어낼 결과에 집중하는 것이 핵심이다.

💬 3단계: 나머지 자산을 위한 창고 만들기

SoFE 모델에 따라 이야기 자산을 만들고 이를 조직화하는 과정을 마쳤다. 그런데 SoFE 구조의 구성 요소 중 어떤 것에도 잘 들어맞지는 않지만 추가하고 싶은 정보가 더 있을 수도 있다. 이럴 땐 어떻게 해야 할까?

이런 자산들을 위해 나는 추가 항목들을 저장할 일종의 보관 창고를 만든다. 이들 추가 항목들은 중요하긴 하지만 이야기의 일부가 되기엔 모자란, 그 문턱에 와 있는 항목들이다. 아예 빼버리기보다는 나중에 필요하면 참조할 수 있도록 이런 가외의 장소에 넣어두라. 추가 항목은 웃기는 일화, 말도 안 되는 아이디어, 시장 데이터나 추세 정보일 수도 있고 기억할 만한 순간, 날짜, 장소일 수도 있다.

어쨌든 이 단계에서는 일단 다 모아두어야 한다. 이야기에 가치를 더할 가능성이 조금이라도 존재하거나 어떤 방식으로든 사용될 수도 있다고 생각된다면 무조건 보관해두라. 나는 당신이 엄청나게 맛있는 요리를 만들기 위해 재료를 계속 모았으면 한다. 스스로 편집하기 시작한다면 마지막에 맛의 결정적인 차이를 낼 수 있는 특별한 조미료를 버리는 셈이 될 수도 있기 때문이다.

이 보관 창고가 중요한 이유는 이야기를 좀 더 쉽게 조정하도록 도와줄 수 있기 때문이다. 가진 이야기 자산이 많을수록 정중에 맞춰 이야기를 수정하기가 쉬워진다. 한마디로 이 창고는 청중에 맞춰 활용할 수 있는 추가 재료로 가득한 데이터베이스인 셈이다. 투자자와 통하는 지점은 고객과 통하는 지점과 다르고, 고객과 통하는 지점은 채용 후보자와 통하는 지점과 다르다. 상대방이 누구이며 그들과 함께 보내는 시간이 어떠하냐에 따라, 당신은 그 창고에서 다양한 일화와 맥락을 가져와서 안팎으로 엮을 수 있게 될 것이다.

창업가로서 당신은 필연적으로 다양한 사람들과 이야기를 공유할 기회를 갖게 된다. 기회는 32초 동안 엘리베이터 피치를 하는 과정에서 생길 수도 있고, 고객과 2분간 전화통화를 하는 사이에 생길 수도 있으며 투자자와 30분간 회의를 하면서 생길 수도 있다. 서사의 길이를 이처럼 서로 다른 상황들에 맞춰 적합하게 바꿀 수 있어야 한다. 주어진 시간이 더 적을수록 필요한 이야기 자산도 더 적다. 시간이 더 많을수록 더 많은 자산이 필요할 것이다.

당신의 이야기를 만드는 일 자체가 때로는 어려운 도전이기도 할 것이다. 하지만 이는 당신이 즐겨야 하는 과정이기도 하다. 좋은 일이건 나쁜 일이건, 당신이 경험한 모든 것을 제3자의 입장에서 생각해보고 이를 유리하게 활용해 설득력 있는 이야기를 만들 수 있는 기회다. 이야기 만들기야말로 사업을 위해 당신이 해야 할 가장 중요한 일이다. 이야기는 당신 곁에 영원히 남을 것이고 당신은 이를 수천 번도 더 넘게 이용할 것이기 때문이다. 당신의 이야기를 위대하게 만들기 위한 이 연습에 아낌없이 시간을 투자하라. 처음부터 이야기를 완벽하게 만들어야 한다는 뜻은 아니다. 그 대신 이 과정을 즐기면서 당신이 나눌 수 있어 즐거운 요소 혹은 설득력 있는 요소들을 찾아라. 이런 발견의 과정 속에서 그리고 이 보석들을 공유하고 싶은 욕구 속에서 위대한 이야기가 탄생한다.

START
WITH
ST$RY

제9장

이야기 구성 요소
준비하기

지금 당신 앞에 훌륭한 자산들이 놓여 있다 해도 이것을 모두 활용할 필요는 없다. 여기서부터는 자산을 줄여나가야 하기 때문이다. 지금은 멋진 식사를 만들기 위한 준비 시간이다. 주방에 있는 재료를 모두 이용한다고 해서 훌륭한 음식이 만들어지는 것은 아니다. 준비를 하려면 채소를 썰고, 고기를 해동하고, 미리 소스를 만들고, 조미료와 적당한 요리 도구를 꺼내둬야 한다. 최고의 이야기를 만들려면 적절한 재료와 적절한 도구가 필요하다.

준비 단계에서는 최고의 재료를 이용할 수 있도록 아이템을 선택하고 우선순위를 정해야 한다. 보관 창고가 여전히 남아 있는 만큼 중요한 정보를 버려야 한다고 생각할 필요는 없다. 그 대신 화초가 잘 자랄 수 있도록 잡초를 제거한다고 생각하자. 자산을 만들던 단계에서는 테이블 위에 당신이 가진 경험과 그 경험에 맥락을 부여하고 활기를 주는 정보가 모두 올라가 있었다. 이제는 안목을 더 높여야 한다. 스스로에 대한 비평가가 되라. 자산을 훑어 나가면서 가능한 한 객관적이 돼야 한다.

기업가들이 하는 가장 큰 오해는 모든 것이 중요하다고 생각하는 것이다. 하지만 오히려 정반대가 맞다. 이야기가 초점에서 벗어나지 않도록 가장 관련성이 높은 경험 몇 개에 초점을 맞춰라. 이제 줄어든 자산에 포함된 모든 것은 사업에 관해서 당신이 공유하고 싶은 주춧돌 경험과 어떤 방식으로든 관련이 돼 있어야 한다.

당신이 네브라스카주에 있는 한 농장에서 자랐다고 가정해보자. 그리고 당신이 개발하는 상품은 식품이다. 이 두 가지는 상당히 관련성이 있다. 당신이 농장에서 자랐기에 중서부식 고기 파이를 만든다는 아이디어를 떠올렸다는 이야기는 매우 흥미로우면서도 자연스럽다. 하지만 개발하는 상품이 자동차 점검 기록을 모니터링하는 모바일 앱이라면 농장에서 자랐다는 사실은 연관성이 덜할 것이다.

최고의 자산들을 선택하라

나는 신선한 체리를 좋아해서 체리 수확철이 되면 최고의 상품을 고르는 데 무척 집착하곤 한다. 매년 식료품점에서 체리를 팔기 시작하면 나는 일일이 색깔도 살펴보고 만져도 보면서 가장 알맞게 익은 체리만을 골라 바구니에 담는다. 혹시라도 봉지에 포장된 체리를 사는 일은 거의 없다. 그 봉지 안에는 불가피하게 덜 익거나 너무 익은 체리들이 섞여 있을 텐데 나는 절대 맛없는 체리를 집에 가져가서 먹고 싶지 않기 때문이다. 이야기 자산을 준비하는 일도 이와 흡사하다.

이 시점이 되면 당신이 가진 자산 중에서도 최고의 것만 골라 선택해야 한다. 이 단계가 바로 수집한 모든 자산을 점검해 겨와 알곡을 가려내는, 즉 품질이 나쁜 요소와 좋은 요소(혹은 관련성이 그다지 없는 요소와 높은 요소를)를 가려내야 하는 지점이다. 이 작업은 중요한 여행을 위해 짐을 싸는 일과 비슷하다. 가진 옷을 전부 가져갈 수는 없다. 그 여행에서 가장 필요한 옷과 장신구만 가져갈 수 있다. 이야기를 만들 때도 마찬가지다. 당신은 품질이 좋은 항목들만 챙겨야 한다. 모든 상황에서 모든 자산을 활용하려 들지 마라. 그중에서 이야기에 사용될 수 있는 최고의 것만 골라 가방을 가득 채워야 한다.

하워드 슐츠의 이야기 중에서 몇 가지 요소를 살펴보자. 그의 이야기 자산에는 다음과 같은 것들이 포함됐을 것이다.

- 하워드 슐츠는 10대 시절, 편물 공장에서 일했다.
- 하워드 슐츠는 가난한 환경에서 자랐고 그의 가족은 의료보험에 가

입할 여유가 없었나.

- 하워드 슐츠는 미식축구 실력을 인정받아 장학금을 받았다.
- 하워드 슐츠는 소비재 가전 회사에서 일했다.

이 요소들은 그의 크로노 역사 중 일부지만 스타벅스 이야기와 모두 연관성이 있지는 않다. 슐츠가 뉴욕에 있는 편물 공장에서 편물용 실을 스팀으로 다리는 일을 했다는 사실은 아는 사람이 많지 않은 그의 역사 중 일부다. 이 요소는 그가 대중과 공유하는 스타벅스 이야기와는 관련성이 거의 없다. 즉, 이야기와의 관련성을 두고 본다면 우선순위가 높은 자산은 아니다. 하지만 그는 자신의 300페이지짜리 자서전에서 이 요소를 공유한다. 자신의 역사 중 사람들이 알았으면 하는 부분이기 때문이다.

하워드 슐츠가 미식축구로 장학금을 받은 일은 스타벅스 창업과 연결되지 않는 사건으로 보일 수도 있지만 이야기를 듣는 대상이 누구냐에 따라 충분히 달라질 수 있다. 만약 배경에 대한 이야기가 청중들에게 중요하게 작용한다면 그 장학금이 공동주택에서 벗어나기 위한 유일한 기회였다고 말할 수도 있다. 요컨대, 이야기를 듣는 대상에 따라 재료로 쓰일 수도, 창고에 넣어둘 수도 있다는 얘기다.

만약 슐츠가 스타벅스 문화 그리고 왜 스타벅스 문화가 세계 최고라고 여겨지는지 강조하는 중이라면, 자신이 의료보험에 가입할 여유가 없는 가정에서 가난하게 자랐다는 사실을 포함시킬 수도 있다. 그는 아버지의 부상과 노동 능력의 상실, 그리고 그로 인한 돈의 부족이 가족들에게 어떤 극적인 영향을 미쳤는지에 대해 자세히 설명할 것이다. 이런 일들이 스타벅스에 근무하는 풀타임 직원뿐만이 아니라 파트타임 직원에게도 반드시 건강보험을 제공하는 이유를 만든 가장 큰 동인이었던 만큼, 그는 이런 세부 사항을 공유할 것이다. 이야기의 주제에 따라 상당한 관련성이 있는 요소기 때문이다.

하워드 슐츠가 스타벅스를 창업하기 전에 가전 회사에서 일했다는 사실은 모르는 사람이 더 많다. 이 사실은 그가 이야기를 나누는 대상, 배경 이야기에 할애할 수 있는 시간의 양, 그리고 달성하고자 하는 목적에 따라 공유할 가능성이 있는 세부 항목이다. 해당 요소가 이야기에 관련이 있을 수도, 없을 수도 있으며 이야기를 할 시간이 짧다면 생략해도 무방한 또 다른 사례다.

300쪽짜리 자서전을 읽는 사람들은 그의 배경에 대해 궁금해한다. 따라서 그들은 그의 삶에 관한 시시콜콜한 이야기를 모두 읽을 것이다. 하지만 그가 3분짜리 피치를 한다면 누가 거기에 진심으로 신경을 쓸까? 하워드 슐츠가 자신의 이야기를 들려줄 때, 사람들은 그가 어떻게 스타벅스 브랜드에 대한 아이디어를 생각해냈으며 어떻게 지금의 자리에 올라갔는지에 주로 관심이 있다.

하워드 슐츠 이야기에서 핵심 요소는 그가 이탈리아로 출장을 갔고, 미국으로 돌아와 제3의 장소에서 했던 경험을 누구나 느낄 수 있도록 하고 싶었다는 부분이다. 그가 가전 회사에서 일했다거나 미식축구 장학금을 받았다는 사실을 당신이 반드시 알아야 할 필요는 없다. 흥미 있는 사실들이긴 하지만 상대방에게 감정적으로 더 교감을 불러일으키는 이야기가 아니기 때문이다. 오히려 추가 요소들이 너무 많으면 상대방은 슐츠가 진짜 하고 싶은 이야기에 집중할 수 없게 돼버린다.

당신의 재료들을 검토하면서 썩은 사과들, 즉 당신의 사업과 관련이 없거나 가치를 올려주지 않는 자산들을 제거하라. 자산을 검토하고 썩은 사과들을 찾아내다 보면 '내가 대학원에서 4.0의 학점을 받았다는 사실은 우리의 식품 서비스와 상관이 없지'라는 생각이 들 것이다. 당신의 직감은 때때로 무엇이 진정으로 좋고 나쁜지 파악하도록 도와주는 훌륭한 안내자가 된다. 거기에 귀를 기울여라. 더 적을수록 더 좋다는 사실과 인풋의 질이 아웃풋의 질과 일치한다는 사실을 명심한다면, 그 직감은 당신을 도와 이 과정 전체를 잘 이끌어줄 것이다. 앞에 놓여 있는 모든 요소를 살펴보고 이렇게 자문해보길 바란다.

- 제거할 수 있는 것은 무엇인가?
- 관련성이 없는 것은 무엇인가?
- 흥미롭지 않거나 지나치게 혼란을 주는 것은 무엇인가?

이 시점에서 나는 목록 전체를 훑어보고 각 구성 부분에서 중요한 자산에 체크나 별 표시하기를 좋아한다. 어떤 것도 너무 깊게 생각하지 말라. 단순히 각 자산을 살펴보고 그것이 중요한지, 사업과 관련성이 있는지, 흥미로운지, 이야기에 중요한 것인지를 결정하라. 일단 모든 자산을 검토한 다음, 돌아가서 이 작업을 다시 해보라. 만약 당신이 여전히 중요하다고 생각하는 것이 있다면 그 옆에 별이나 체크를 하나 더 표시하라. 이 작업을 목록의 맨 마지막 항목까지 실시해야 한다. 아직도 여전히 너무 많은 항목이 남아 있다고 생각된다면 세 번째로 다시 작업을 해보길 바란다.

옆에 별을 가장 많이 받은 항목들은 맛있는 음식을 만드는 다음 단계에 가져갈 것들이다. 자산을 줄이는 작업이 여전히 어렵다면 제3자를 개입시키는 것도 좋은 방법이다. 이 지점에 도달할 때까지 당신의 이야기 주변에는 당신밖에 없었다. 객관적인 시각을 가진 외부인은 매우 큰 도움을 줄 수 있다. 당신이 서사(이야기)와 관련해 어디쯤 도달했는지 전반적인 아이디어를 그 사람에게 알려준 다음, 자산 목록을 훑어보면서 물어보라. "이 일이 흥미롭거나, 중요하거나, 설득력이 있다고 생각해?" 그들의 최초 반응을 면밀히 살펴보라. 가장 믿을 만한 정보가 바로 거기서 나온다.

팩스기 외판원에서
여성 사업가들의 아이콘으로

아버지 뒤를 이어 로스쿨을 가겠다고 결심했을 때, 사라 블레이클리Sara Blakely는 20대였다. 하지만 로스쿨 시험에 두 번이나 떨어지면서 그 계획은 곧 무산됐다. 그러나 다행히도 어린 시절에 얻은 교훈 덕분에 그 실패는 그녀의 삶에 아무런 장애물이 되지 않았다. 어린 시절부터 블레이클리의 아버지는 저녁을 먹으면서 항상 "이번 주에는 어떤 일에 실패했니?" 하고 묻곤 했다. 실패한 일이 없다고 하면 아버지는 실망하곤 했다.

로스쿨 낙방 후 그녀는 재미있는 일을 하겠다고 결심했고 디즈니월드에서 일자리를 구하고자 플로리다로 이사했다. 그녀는 곧 티켓 판매원 일자리를 구했지만 그녀의 마음은 구피 캐릭터를 연기하는 일에 가 있었다. 그녀는 그 일에 도전했지만 키 조건이 맞지 않아 할 수 없었다. 그녀는 173.7센티미터였는데 쿠피 캐릭터를 하려면 176.6센

200

티미터는 돼야 했기 때문이다. 그녀는 어쩔 수 없이 티켓 판매소에서 일해야 했다. 자신이 원한 자리가 아니었기에 그녀는 곧 일을 그만뒀고, 생계를 꾸리기 위해 팩스기 외판원 일을 시작했다. 그녀가 추구한 이상적인 일은 아니었지만 자기도 언젠가 독특한 제품을 만들어 창업을 할 거라고 생각했던 그녀는 그 일을 계속했다.

집집마다 다니며 뭔가를 파는 일이 원래도 어렵지만, 여름에 플로리다에서 팩스기를 팔기란 극도로 어려운 일이었다. 더위 때문에 그녀는 발가락 부분이 트인 구두를 신고 싶었는데 팬티스타킹과 그런 타입의 구두가 너무 안 어울린다는 점이 문제였다. 하지만 그녀는 흰바지를 입었을 때 힙라인이 매끈하게 보이도록 해주는 팬티스타킹을 포기할 수 없었다. 블레이클리는 엉덩이와 허리를 잡아주는 팬티스타킹의 효과를 여전히 누리면서도 발 부분에서는 입은 표시가 나지 않도록 팬티스타킹의 발 부분을 잘라내는 것으로 자신의 문제를 해결했다. 그 순간 깨달음이 찾아왔다. 이것이야말로 블레이클리가 기다려온 독특한 제품 아이디어였던 것이다. 그녀는 당시 시장에서 이와 비슷한 제품을 전혀 찾을 수 없었고, 따라서 이 제품을 디자인하고 이름을 짓고 포장 작업을 하느라 그다음 2년을 투자했다.

일단 자신의 아이디어에 살을 붙여 탄탄하고 실행 가능한 제품으로 만들게 되자 그녀는 특허를 내야겠다고 생각했다. 하지만 아무도 그녀를 도와주려 하지 않았다. 아무도 그녀의 아이디어를 진지하게 받아들이지 않았고, 그녀에게는 변호사를 고용할 만한 충분한 돈도 없었다.

그러나 어린 시절 아버지에게서 배운 실패에 대한 교훈으로 담대해진 그녀는 이런 어려움에도 자신의 도전을 멈추지 않았다. 블레이클리는 도서관에 가서 어떻게 특허를 신청할 수 있는지 공부했고 그 과정에서 또 2년의 시간이 지나갔나. 이 모든 기간 동안 그녀는 여전히 팬스기를 팔고 있었다.

특허를 신청한 다음, 그녀는 멋지게 포장한 매력적인 시제품을 만들기 위해 제조회사들을 찾아 다녔다. 남동부 해안을 아래위로 휩쓸고 다녔지만 제조회사들은 모두 그 아이디어가 형편없다는 반응을 보였다. 이 회사들이 가진 문제는 경영진이 모두 남성이라는 점이었다. 이미 여성 속옷을 만들고 있던 회사들조차 그녀의 아이디어가 시장에 먹힐 거라고 생각하지 않았다. 하지만 운이 좋게도 그녀의 제안을 거절한 남성들 중에 딸 둘을 둔 제조업체 사장이 있었다. 블레이클리의 아이디어를 거절한 날 밤, 그는 집에 가서 두 딸에게 그 아이디어를 들려줬다. 딸들은 정말 멋진 아이디어라며 그걸 절대 놓쳐서는 안 된다고 아버지를 설득했다. 다음날 제조업자는 블레이클리에게 전화를 걸어서 자신이 그 일을 맡겠다고 했다. 블레이클리는 쾌재를 부르며 다음 도전 과제인 포장으로 옮겨갔다.

그녀는 자신의 제품이 일반적인 스타킹 포장과는 달라야 한다고 생각했다. 그녀가 늘 봐왔던 스타킹 포장지에는 항상 베이지색 혹은 회색 스타킹을 신은 반쯤 벗은 여성 사진이 있었다. 자신의 제품이 대담하고 색다르기를 바랐던 그녀는 붉은색을 선택했고, 제품이 확실히 돋보이도록 세 칸짜리 만화를 그려 여성 캐릭터들을 등장시켰다. 일단 포장과 시제품, 자신이 고안한 영리한 제품명이 결정되자 그녀는 애틀랜타에 있는 니만 마커스 백화점에 전화해 자신의 제품을 홍보하기로 결심했다. 백화점의 홍보 담당자는 그녀에게 댈러스에 있는 구매 담당 부서에 먼저 전화를 해야 한다고 알려줬다. 그녀는 구매 담당 부서가 있다는 사실조차 몰랐는데 말이다. 블레이클리는 댈러스 사무실에 전화를 걸어 자신을 소개했고, 여성들의 옷 입는 방식을 혁신적으로 바꿔놓을 자신의 제품에 대해 이야기했다. 담당자는 만약 블레이클리가 댈러스로 날아온다면 딱 10분 동안 회의할 기회를 주겠다고 말했다.

블레이클리는 곧바로 비행기를 타고 댈러스로 날아갔다. 대학 시절부터 가지고 다녔던 행운을 가져다준다고 믿는 빨간색 백팩을 메고서 말이다. 친구들은 제발 그러지 말라고 그녀를 말렸지만 그녀는 아랑곳하지 않았다. 댈러스의 니만 마커스 사무실에 도착했을 때 그녀는 제품을 홍보할 만반의 준비가 돼 있었다. 스팬스Spanx라 이름 붙인 발 부분이 없는 스타킹과 친구 컴퓨터로 컬러 인쇄한 포장지 그리고 행운을 가져다주는 빨간 백팩과 함께 그녀는 프레젠테이션을 시작했다. 그러나 약 5분 정도 지났을 때, 그녀는 구매 담당자가 엄청나게 감명을 받지는 않은 상태라는 걸 알아차렸다. 바로 그때 블레이클리는 '전과 후' 아이디어를 떠올렸다. 그녀는 구매 담당자를 화장실로 데려가 자신이 개발한 스타킹을 입고 바지를 입었을 때와 그냥 입었을 때 얼마나 체형이 달라지는지 직접 보여줬다. 드라마틱한 차이에 니만 마커스의 구매 담당자는 매우 감명을 받았고 그 자리에서 일곱 개 매장에 주문을 넣었다.

오늘날 스팽스가 창출하는 매출은 3억 달러에 달하고, 30개가 넘는 국가에서 판매되고 있으며, 기업 가치는 20억 달러가 넘는 것으로 추산된다. 블레이클리는 자수성가한 여성 억만장자들 중에서 역사상 가장 젊고 회사 주식을 100퍼센트 소유하고 있으며 광고에는 1원도 쓰지 않는다.

블레이클리는 항상 기억에 남고 공감 가며 설득력 있는 이야기를 한다. 그녀 이야기의 핵심은 자신이 해결해야 하는 문제에 대한 해결책을 발견하는 일에 초점을 맞췄다는 점이었다. 그녀는 흰색 바지를 입었을 때 힙라인이 매끈하게 보이기를 원했지만 팬티스타킹을 입고 발 앞부분이 트인 신발을 신고 싶지는 않았다. 그래서 그녀는 팬티스타킹에서 발 부분을 잘라낸 것이다. 그녀의 이야기가 그토록 흥미로운 이유는, 이야기를 생생하게 만드는 그녀의 사소한 경험들 때문이다. 그녀는 자신의 배경에서 직접 선택한 경험들과 자신이 어떤 사람이고 무엇에 의미를 두며 왜 계속 나아가는지 보여주는 경험들을 엮어낸다. 이 모든 것 때문에 당신은 그 과정에서 그녀를 응원하게 되고, 다음에 어떤 일이 일어날지 궁금해 하게 된다. 그리고 당신에게도 비슷한 욕구가 있다면 그녀의 제품을 사고 싶도록 만든다.

블레이클리의 사례를 참조해서 당신의 크로노 역사를 검토해보자. 상대방에게 당신이 어떤 사람이고 왜 지금 하는 일을 하고 있으며 어떻게 지금의 자리까지 오게 됐는지 알려주기 위한 경험들을 찾아보라. 그 경험들이 세련되고, 아름답고, 우아할 필요는 없지만, 흥미롭고, 설득력 있고, 공유할 필요가 있어야 한다. 그 이야기는 엄청나게 매끄러울 필요는 없지만 다채로운 요소들로 가득한 강력한 핵심 기반을 가지고 있어야 한다. 블레이클리의 투박한 빨강색 백팩, 잘라낸 팬티스타킹, 일을 해낸 중구난방식의 방법처럼 우리가 그녀를 응원했듯이 당신을 응원하게 만들고, 이야기를 전달하는 데 도움이 될 항목들을 직접 골라서 활용해야 한다.

블레이클리의 이야기를 내가 처음부터 만들었다면, 내가 개발해낸 방법론을 활용해서 당신과 공유했을 것이다. BR3 연구 문서를 만들고 가장 돋보이는 요소들을 선별할 것이다. 나는 재미있고 충격적이며 즐거움을 주고 평범하지 않은 것들, 혹은 조금 흥미로운 것들을 찾아내 다음과 같은 연대기적 순서로 목록을 만들 것이다.

- 어린 시절 그녀의 아버지는 매주 그녀가 무엇에 실패했는지 묻곤 했다.
- 그녀는 로스쿨에 가고 싶었지만 시험에서 두 번 낙방했다.
- 그녀는 디즈니 월드로 갔지만 구피 역할을 얻지 못했다.
- 그녀는 여름 동안 플로리다에서 팩스기를 방문판매했다.
- 그녀는 흰색 바지를 입었을 때 힙라인이 매끈하게 보이기를 원했다.

- 그녀는 팬티스타킹의 발 부분을 잘라냈다.
- 그녀는 5년 동안 팩스기 파는 일을 했다.
- 그녀는 변호사를 고용할 충분한 돈이 없었기 때문에 녹학으로 특허 신청 방법을 익혔다.
- 그녀는 남동부 해안을 오르내리며 제조업체들을 찾아다녔지만 모두 거절당했다.
- 그녀가 만난 한 제조업체 사장은 처음에는 그녀의 아이디어를 거절했지만 딸들의 의견을 듣고 마음을 바꿨다.
- 그녀는 작은 빨강색 백팩에 시제품을 넣고 상점들을 방문했다.
- 그녀는 구매 담당자와의 10분 미팅을 위해 댈러스로 날아갔다.
- 그녀는 스팽스를 입기 전과 후에 힙라인이 어떻게 달라지는지 시연하기 위해 구매 담당자를 화장실로 데려갔다.
- 구매 담당자는 그 자리에서 일곱 개 매장에 주문을 넣었다.

블레이클리의 이야기를 위해 내가 요소들을 어떻게 선택했는지 봤다면, 이제 당신이 선별한 자산들을 살펴보고 그들이 여전히 합리적인지 점검해보라. 그들이 돋보이는가? 즐거움을 주는가? 흥미롭고 설득력이 있는가? 그렇지 않다면 새로운 항목들을 선택하든지 기존의 항목들을 흥미롭게 바꿔보라. 블레이클리가 디즈니 월드에서 일자리를 구했다는 사실은 흥미로울지 몰라도 이 이야기와 반드시 관련성이 있지는 않다. 이 경험이 쓰인 이유는 자신이 원한 일자리를 얻지 못했을 때 그녀가 실패를 다루는 방식을 공유한다는 데 있다. 반드시 꼭 들어맞지 않는 요소를 선택하더라도 거기에 관점이나 맥락을 추가한다면 그 요소들을 더 의미 있게 만드는 데 도움이 된다.

START
WITH
ST$RY

제10장

이야기
조직하기

모든 준비 작업은 끝났다. 이제는 이들을 하나로 합쳐보는 실험을 시작할 때다. 실험을 시작하기 전에 이 지점에 오기까지 시행한 단계들을 검토해보면 도움이 될 것이다. 그 단계들을 살펴보면 다음과 같다.

1. 어떤 '이야기 유형'을 활용하고 싶은지 결정한다.
2. 이야기의 기초가 되며 당신이 중점을 두고자 하는 경험을 선택한다.
3. 크로노 역사를 활용해 이야기 자산을 구축한다.
4. 경험을 하나의 이야기로 구성하기 위해 자산 중에서 최고의 것을 선택한다.

이들 단계 중에서 하나라도 건너뛰었다면 더 진행하기 전에 그 단계를 완료하길 강력히 권한다. 이 단계들은 당신의 이야기를 구성하기 위한 필수 단계들이다. 이 단계들은 이야기 구성 작업에 들어가기 전에 당신이 준비를 끝마치도록 도와준다. 이러한 준비 활동이 중요한 이유는 그렇지 않으면 시작부터 버거움을 느낄 수 있기 때문이다.

이야기를 구성하고 조직하는 일은 아이디어를 현실에서 실제로 시험해보는 일로, 아무리 준비가 잘됐다 해도 많은 창업자들이 영감이 떠오르지 않아 좌절을 경험하곤 한다. 이야기의 시작을 무엇으로 해야 할지 막막하게 느껴질 때의 해결책은 단순하다. 바로 '일단 시작하라'는 것이다. 창업자들은 종종 자신이 가장 편안하게 느끼는 경험이나 가장 설득력 있다고 느껴지는 경험에서 시작하는 편이 가장 쉽다고 여긴다. 이야기 자산을 구축하면서 어디서부터 시작해야 할지 확신하지 못했던 때처럼, 가장 흥미를 느끼거나 쉽게 풀리는 지점에서 시작하면 좋다.

드류 휴스턴의 이야기 작업을 시작했을 때, 나에게 계속 떠오른 에피소드는 네 시간짜리 버스 여행에 오르면서 USB 가져오는 것을 잊어버렸던 그의 경험이었다. 나도 매우 비슷한 일들을 실제로 겪어봤다. 여행 갈 때 외장하드를 두고 오거나 깜박 잊고 노트북에 파일을 저장하지 않아서 일을 할 수 없게 되는 좌절감을 경험했었다. 드류 휴스턴의 이야기를 조직할 때 나는 그가 USB를 놓고 왔다는 사실을 깨닫게 된 시점에서 시작해 앞뒤를 오가며 작업을 했다.

이야기 자산 중에서 당신의 관심을 계속 사로잡고 있는 순간을 찾아내고 거기서부터 시작하길 바란다. 반짝이는 뭔가를 찾지 못했다면 더 깊게 파고들어가 윤이 나게 만들어라. 회사를 창업할 때 우리 모두가 겪는 감정과 경험 속에는 황금이 들어 있다. 당신은 그저 그것이 어떻게 생겼고, 어떤 소리가 나는지 세상이 알 수 있도록 모두 꺼내놓을 필요가 있다. 그 사건이 발생했을 때 당신이 느낀 감정을 다시 체험하고 어려움이 당신에게 어떤 느낌을 줬는지 묘사하고 모든 것을 바꿔놓은 깨달음의 순간을 활용하라.

만약 이 작업이 어렵게 느껴진다면 객관적인 제3자를 개입시켜 당신이 선별해놓은 항목들을 살펴봐달라고 하자. 그것들이 얼마나 흥미로운지, 얼마나 설득력이 있는지 당신에게 솔직히 말해줄 수도 있다. 나는 많은 사람들이 자기 이야기를 공유할 때 종종 가장 흥미로운 부분들을 웅얼거리며 넘어가기도 한다는 사실을 발견했다. 이야기를 너무 많이 하다 보니 남들도 자기처럼 이야기가 더 이상 흥미롭게 느껴지지 않을 거라고 지레짐작하기 때문이었다. 심지어 사람들이 가장 듣고 싶어 하는 부분인데도 상대방에게 그리 중요하지 않다고 생각해 대충 얼버무리고 넘어가는 경우도 있다. 어떤 세부 사항도 대충 넘어가지 말라. 지레짐작으로 얼버무리지 마라. 친구나 멘토, 동료가 당신의 이야기 중에서 호기심을 자극하는 부분을 찾아내도록 도와줄 수도 있다.

서사를 구성하기 시작한 만큼, SoFE 공식으로 돌아가 이를 통합 작업을 위한 프레임워크로 사용해야 한다. 시작, 중간, 결말로 이루어진 이 프레임워크는 당신이 어떤 것도 지나치게 고민할 필요 없이 바로 시작할 수 있도록 도와줄 것이다.

💬 SoFE를 가동시켜라

이해를 돕기 위해 내가 지어낸 가상의 모바일 앱 '파인드마이포레거닷컴FindMyFourLegger.com'을 중심으로 이야기를 만들어보기로 하자. 그 이야기를 만들기 위해 내가 SoFE 공식을 어떻게 활용하는지 자세히 설명하고자 한다.

이 제품은 반려견을 잃어버렸을 때 반려견을 찾도록 도와주는 앱이다. 이 앱을 이용하면 반려견의 목줄에 설치된 GPS를 통해 반려견의 위치를 추적할 수 있다. 실제 구현되는 제품을 만들지는 않았지만 이 이야기는 나에게 실제 일어났던 일로, 반려견 피티 지Fitty G가 달아나는 바람에 그를 잃어버린 사건과 경험을 바탕으로 한다.

: 이야기 유형을 선택하라

이야기 만들기의 첫 단계다. 파인드마이포레거닷컴의 아이디어로 나는 기원 이야기를 활용하려고 한다. 내가 이 아이디어를 공유했을 때 개를 키우는 사람이라면 누구나 어떻게 그런 아이디어를 생각하게 됐냐고 물어볼 거라는 걸 알기 때문이다. 기원 이야기는 단순하고 직설적이며 기억하기 쉽다.

: 경험을 선택하라

이 앱에 관한 아이디어는 어느 날 집에 돌아와 내 반려견이 사라졌다는 걸 알게 된 경험에서 비롯됐다. 반려견을 잃어버린 후에 일어난 일 역시 이런 아이디어를 생각하게 된 이유와 직접 관련이 있는 내 경험의 일부다.

: 이야기의 목적을 결정하라

나는 자신의 반려견에 대한 견주들의 조건 없는 사랑을 사람들이 이해하기를 바란다. 또한 반려견들이 안전한 돌봄을 받기 위해서라면 내가 설립한 회사가 어떤 힘든 일도 마다하지 않는다는 사실을 상대방이 알기를 바란다.

: 이야기 자산과 크로노 역사를 만들라

내가 집에 돌아와 반려견이 사라졌음을 알게 된 일을 중심으로 사건의 순서와 사고 및 감정들의 목록을 만든다. 그리고 그 경험과 관련이 있거나 설득력 있는 내용들을 크로노 역사에 포함시킨다. 이 단계에서는 대부분의 정보를 포함시켜야 한다는 것을 기억하라. 따라서 그 경험과 관련 있다면 어떤 것이든 들어간다.

: 이야기 자산을 선별하라

그런 다음 크로노 역사에서 대상 청중과 가장 많이 교감할 수 있다고 생각되는 부분을 선별한다. 나에게 반려견이 얼마나 특별한 존재인지, 강아지가 꼬리를 치며 나를 맞아주는 순간을 내가 얼마나 좋아하는지, 혹은 반려견이 사라졌다는 걸 알았을 때 내 심장은 마치 절망의 구렁텅이에 빠진 것 같았다는 사실 등이다. 피티 지의 나이와 내가 살던 집의 유형, 동네 같은 것들은 이 경험에서 설득력 있는 부분이 아닌 만큼 선택하지 않는다.

: SoFE 프레임워크를 활용하라

일단 최고의 항목들을 선택한 뒤, 이들 자산을 SoFE 프레임워크의 세 부분과 다섯 개의 구성 요소에 집어넣는다. 사건의 순서를 가장 짧고 설득력 있는 방식으로 설명하는 데 도움이 될 만한 자산들을 선택한다.

나는 파인드마이포레거닷컴을 위해 다음과 같이 SoFE 프레임워크 표를 설정했다.

시작	**설정:** 나는 내 반려견을 사랑한다. 반려견은 내게 절친한 친구이자 자식이며 형제와도 같은 중요한 존재다. 세상의 그 어떤 것도 내가 반려견과 보내는 시간과 비교할 수 없다. 내가 10분을 나가 있건 10시간을 나가 있건 반려견은 마치 내가 재림이라도 한 듯 반겨준다.
	사건: 어느 날 밤, 친구 집에서 저녁식사 약속이 있어 외출했다 집에 돌아와 보니 반려견이 사라져 있었다. 개집 문은 열려 있었고 뒷마당의 출입문도 열려 있었다. 나는 어디서도 개를 찾을 수 없었다.
중간	**도전:** 반려견이 사라졌다는 사실을 깨닫고 패닉에 빠진 나는 미친 듯이 동네 전체를 찾아다니기 시작했다. 유기견 보호소에 전화했고 가장 친한 친구를 불러 반려견을 찾아달라고 부탁했다. 반려견을 잃어버린 정도가 아니라 상황이 더 악화돼 뭔가 나쁜 일이 일어났을지도 모른다는 생각이 들자 속이 울렁거리고 메슥거릴 정도였다.
	변화: 그렇게 두 시간 정도를 찾아 헤맨 끝에, 몇 블록 떨어진 이웃집에서 새로 사귄 강아지 친구들과 재밌게 놀고 있는 반려견을 찾았다. 하지만 불안은 가시지 않았다. 또 이런 일이 일어나지 않도록 방지하고, 이런 문제를 겪게 될 다른 사람들을 도울 방법을 찾아야겠다고 생각했다. 개를 잃어버려 나 같은 고통을 겪은 사람이 또 있을 테니 말이다. 나는 스마트폰을 찾는 앱과 똑같은 방법으로 반려견을 찾을 수 있는 방법을 생각해내기 시작했다. 강아지의 몸에 부착한 GPS 센서로 반려견의 위치를 추적할 수 있도록 말이다. 그 후 4주 동안 나는 이 일을 추진하는 데 필요한 모든 구성 요소들을 파악하려고 노력했다.
결말	**결과:** 반려견을 키우는 사람들이 내가 겪은 속이 뒤틀리는 공포를 느낄 필요가 없도록, 나는 '파인드마이포레거닷컴'이라는 이름의 앱을 만들었다. 이 앱에 접속하기만 하면 내 반려견이 어디에 있는지 찾을 수 있다. 나는 반려견이 있는 친구 30명에게 이 이야기를 해줬고, 그중 29명이 이미 여기에 가입했다.

일단 완료가 되자, 나는 초점을 잃지 않으면서도 단순함을 유지하기 위해 이 프레임워크를 세 개의 핵심 항목bullet points으로 요약했다.

- 나는 내 반려견을 그 무엇보다 사랑한다. 친구 집에서 저녁을 먹고 돌아온 어느 날 밤, 반려견이 사라진 사실을 알게 됐다.
- 나는 미친 듯이 온 동네를 찾아다녔고 시간이 지날수록 더 걱정이 됐다. 몇 시간 후에 다행히 반려견을 찾았다.
- 다른 반려 견주들도 이런 공포에 직면하고 있음을 깨닫고 나는 파인드마이아이폰Find My iPone 앱처럼 작동하는, 반려견을 위한 앱을 만든다는 아이디어를 생각해냈다.

이는 이야기가 너무 길다고 느껴질 때 이야기를 몇 개의 요점 문장으로 요약할 수 있게 도와주는 훌륭한 연습이다. 이 연습을 통해 당신 이야기의 세 부분이 가진 핵심에 쉽게 도달할 수 있을 것이다.

⋮ 이야기를 써내려 가라

SoFE 프레임워크를 활용해 모든 자산을 조직화했고 최고 중의 최고를 선별한 지금이 바로 당신의 이야기를 써내려 갈 순간이다. 이야기를 써내려 가는 일을 대체할 만한 것은 없다. 이야기를 써봐야 조직화된 방식으로 이야기를 정리할 수 있기 때문이다. 글로 된 형식으로 이야기를 '눈으로 봐야만' 당신의 문제와 도전 과제를 명확히 파악할 수 있다.

이야기를 어떤 식으로 적어내려 갈지는 당신에게 달려 있다. 완전한 문단 형태도 좋고, 핵심 항목 형태도 좋다. 당신에게 잘 맞는다면 파워포인트 형태도 괜찮다. 당신이 글 쓰는 작업을 싫어한다면 큰 소리로 이야기를 읽으면서 녹음을 하고 그런 다음 이를 스크린이나 종이에 옮겨 적으라. 누군가에게 검토해달라고 보낼 수 있는 이야기 버전을 어떤 형태로든 만들면 된다. 아직 아무 데도 그 이야기를 보내지는 않지만 나는 당신이 쉽게 읽고 검토할 수 있는 뭔가를 갖게 되기를 바란다.

쓰는 작업을 시작할 때 나는 SoFE 프레임워크 도표 속의 요소들과 앞 단계에서 내가 했던 작업들을 활용한다. 그리고 내 웹사이트의 '내 소개' 부분에 넣기라도 할 것처럼 그 이야기를 써내려 간다. 그 내용은 다음과 같을 것이다.

어느 날 나는 집에 돌아와 내가 사랑하는 멋진 코커스패니얼 반려견 '피티 지'가 집 안에도 없고 뒷마당에도 없다는 사실을 발견했다. 나는 완전히 충격에 빠졌다. 다리가 네 개인 내 절친이 사라져버린 것이다. 순식간에 나는 절망에 빠졌고 그에게 끔찍한 일이 일어났을까 봐 제정신이 아니었다. 나는 곧 반려견을 찾아 미친 듯이 온 동네를 돌아다녔다. 몇 시간 후 마침내 몇 골목 거너에 사는 다른 개들과 어울리고 있던 피티 지를 발견했다. 피티 지와 함께 집으로 걸어가면서 나는 아마 수백만 명의 다른 반려동물 주인들도 나와 똑같은 경험을 했을 거라는 걸 깨달았다. 그래서 나는 개의 목줄에 GPS 추적 장치를 설치하고 이를 휴대폰에 연결해서 클릭만 하면 내 반려견이 어디 있는지 실시간으로 보여주는 앱을 만들어야겠다는 아이디어를 생각해냈다. 그렇게 되면 강아지든 고양이든 그들의 주인은 언제나 자신의 반려동물이 어디 있는지 아는 만큼 잃어버릴까 봐 걱정하지 않아도 될 것이다.

이 이야기를 구상하기 위해 나는 사람들의 관심을 사로잡아야 할 서론 부분에 무엇을 포함시켜야 할지 고민했다. 나는 그 아이디어가 어디서 비롯됐는지 자문하기 시작했다. 내 경우는 어느 날 밤 집에 돌아왔을 때 개가 사라졌다는 사실에서 아이디어가 나왔다. 개는 뒷마당에도 없었고 대문은 활짝 열려 있었다. 그 순간 나는 완전히 패닉에 빠졌다.

바로 여기서 '설정'과 '사건'을 제공한다. 지난 가을 어느 날 저녁, 나는 외출을 했고 밤에 집에 돌아왔을 때 내 반려견이 사라져 있었다. 여기엔 이보다 더 많은 내용이 필요하지 않다. 반려동물을 길러본 경험이 있다면 그 느낌이 어떤 것인지 즉시 알기 때문이다. 그 깨달음은 당신에게 충격을 주고 공감을 불러일으킬 것이다. 그런 다음 나는 내가 완전한 패닉 상태에 있었다고 말한다. 현실의 삶에서 신체적으로 나에게 어떤 일이 일어났는지 알려주면서 당신을 이야기 속으로 끌어들이기 시작할 수 있다.

나는 내가 직면했던 '도전'들을 공유한다. 내 반려견에게 무슨 나쁜 일이 일어나기라도 한 것은 아닌지 겁에 질려서 나는 거의 반죽음 상태였다. 그래서 유기견 보호소와 동물병원을 비롯한 모든 곳에 전화를 했다. 나는 반려견을 찾으려고 노력할 때 직면했던 장애물들에 대해 이야기하면서 긴장을 구축했다. 마침내 나는 반려견을 찾았고 너무나 안도했지만 '휴대폰을 보고 개가 어디 있는지 즉시 찾을 수 있다면 좋지 않을까?' 하고 생각할 수밖에 없었다. 바로 이 부분이 '변화'에 해당한다. 누구나 실시간으로 반려견을 찾을 수 있도록 해주는 멋진 앱인 파인드 마이포레거닷컴의 탄생으로 이어진 갑작스러운 깨달음의 순간이었다.

아주 짧은 시간 동안 나는 일어난 일을 설정했고 내 개가 사라진 사건을 알려줬다. 나는 신체적으로나 감정적으로 내가 직면했던 어려움을 말하며 당신도 같은 감정을 느끼게 만들었고 다행히도 반려견을 찾았다는 결론을 말해줬다. 그런 다음 개를 찾은 후 깨달음의 순간을 가졌고, 내 제품을 창안했다는 사실을 공유했다. 결과는 개가 실종됐을 때 내가 겪은 일을 다른 사람들이 겪지 않도록 이 제품을 만들기로 결정했다는 사실이다.

혼자서 이 과정을 진행할 때는 이야기 자산 구축과 선별 단계에서 당신이 원하는 만큼 상세하게 작업을 할 수 있다. 내가 그날 밤 친구 집에서 열린 저녁식사 모임에 다녀왔다는 사실을 추가할 수도 있을 것이다. 하지만 그 내용이 나의 이야기에 보탬이 될까? 아마도 아닐 것이다. 단순히 저녁 모임을 하러 나갔다고 말하면 사람들은 나에게 크게 공감하지 않을 수도 있다. 하지만 만약 내가 그 집에서 친구네 반려견과 함께 놀았고 얼른 집에 돌아가서 내 반려견을 보고 싶었다고 말한다면, 이야기에 도움이 될 수도 있을 것이다. 그렇게 한다면 상대방에게 내 반려견이 나에게 얼마나 중요한 존재인지 알려주면서 이야기의 다음 부분, 즉 반려견이 사라졌다는 사실을 알게 됐던 순간을 더 드라마틱하게 만들 수 있을 것이다.

START
WITH
ST$RY

제11장

이야기 검토하고
수정하기

이야기의 초안이 준비됐다면 이제는 이를 검토하고 수정할 단계다. 수정 단계에서는 당신의 이야기가 어떻게 보이고 들리고 느껴지는지 알 수 있으므로 만족스럽지 않다면 얼마든지 고칠 수 있다. 이 단계에서 나는 '현실 필터'라고 부르는 것을 즐겨 적용한다. 이 DIY 기술은 당신이 현실 세계에서 경험할 다양한 반대, 질문, 반응에 대비할 수 있게 해준다.

당신이 이야기를 할 때마다 듣는 사람들은 의식적이건 무의식적이건 이 필터를 적용할 것이다. 이 필터는 일종의 보호시스템으로 인간의 뇌가 작동하는 자연스러운 방식이기도 하다. 우리는 날마다 무엇을 소비할지 혹은 하지 않을지에 대해 수백 가지 선택을 하도록 요구받는다. 우리는 항상 자신의 욕구와 흥미를 바탕으로 무엇을 들을지 혹은 듣지 않을지 결정하며 회의에 참석할지, 전화에 응답할지, 이메일을 열어볼지, 어떤 책을 읽을지, 어떤 영화를 봐야 할지와 같은 다양한 선택의 포화를 맞으며 살고 있다.

이 단계에서는 스스로 비평가가 되어야 한다. 한 가지 좋은 소식은 이 세상에 존재하고 있다는 것만으로도 당신은 이미 훌륭한 비평가라는 점이다. 당신은 상대방이 시용하는 것과 동일한 현실 필터를 이미 사용하고 있다. 당신의 선호도와 취향으로 구성된 필터를 통해 당신은 어디에 주의를 기울일 것인지 끊임없이 결정한다. 당신은 자동차부터 음식, 입을 옷까지 당신의 삶에 영향을 미치는 어떤 것이든 그에 대한 의견을 제시하는 데 어려움이 없다. 자신의 이야기를 평가하는 문제에 관해서도 그와 똑같은 내부 비평 과정을 활용할 수 있다.

당신이 현실 세상에 이야기를 가지고 나올 때, 그 이야기는 세 가지 핵심적인 어려움과 직면하게 될 것이다. 당신은 이들에 대한 대비를 시작해야 한다. 일상생활에서 무엇에 귀를 기울일지 평가할 때와 동일한 이러한 장벽들을 뛰어넘어야 당신의 이야기는 빛을 발할 수 있다.

🗨 시간의 장벽: 핵심 항목 하나로 줄여라

기업가들이 저지르는 가장 큰 실수 중 하나는 이야기를 전달하는 데 지나치게 많은 시간을 들이는 것이다. 긴 이야기가 좋지

228

않은 이유는 사람들의 인내심이 부족해서가 아니다. 그보다는 이야기가 짧아야 끝까지 들을 가능성이 더 높기 때문이다. 짧은 이야기가 긴 이야기보다 더 자주 공유되는 이유는 단순하다. 이야기가 짧을 때(그리고 훌륭할 때), 사람들이 그 이야기를 더 쉽게 기억하고 더 쉽게 반복할 수 있기 때문이다.

짧은 이야기가 상상력을 더 자극하기 때문에 긴 이야기와 똑같이 강력하고 때로는 더 설득력을 발휘하는데도 불구하고, 창업자들은 자기 아이디어의 모든 것을 이야기해야 한다고 믿는다. 소설가 어니스트 헤밍웨이Ernest Hemingway에 관한 유명한 일화가 있다. 전해지는 바에 따르면, 누군가가 10달러를 걸고 그에게 열 단어 내로 이야기 하나를 써보라고 내기를 청한 적이 있다고 한다. 그는 여섯 단어로 그 일을 해냈다.

"판매합니다: 아기 신발, 신지 않았음."

실제로 헤밍웨이가 쓴 이야기인지는 밝혀지지 않았지만 이 거짓말 같은 이야기는 핵심을 잘 전달하고 있다. 이야기라고 할 수도 있는 이 여섯 단어는 일어난 일에 대한 감을 잡을 수 있게 해줄 뿐만 아니라 동시에 상상력을 발동시키고 감정을 자극한다. 당신은 즉시 이 문장 속에 숨겨진 이야기를 확인하고 싶어 하며 더 많은 것을 원하는 상태가 된다. 그리고 그것이야말로 정확하게 우리가 원하는 것이다. 당신이 더 많은 것을 공유하거나 알려주기를 원하는 상태 말이다.

처음으로 당신이 이야기를 만들 때는 십중팔구 지나치게 길 것이다. 할 말이 많겠지만 줄여야 한다. 작업을 하다 보면 알겠지만 길게 늘리는 것보다 짧게 줄이는 게 몇 배는 더 힘들다. 이야기를 줄이는 최선의 방법은 세 개의 단순한 핵심 항목으로 축약하는 것이다. 제10장의 마지막 부분에서 파인드마이포레거닷컴과 관련해 내가 했던 방식과 비슷하게 각각의 부분, 즉 시작, 중간, 결말을 한 문단이나 엄청나게 긴 문장이 아니라 핵심 항목 하나로 줄이는 것이다. 이 핵심 항목들은 이 정도로 짧고 간결해야 한다.

- 시작 부분에는 이런 일이 일어났다.
- 중간 부분에는 이런 일이 일어났다.
- 결말 부분에는 이런 일이 일어났다.

이 작업을 하면서 핵심 이야기에 필수적인 정보가 아닌 불필요한 정보가 있다면 제거해야 한다. 여러 쪽을 몇 개의 핵심 항목들로 줄일 때는 모든 과도한 잡음과 잡동사니들은 집어내고, 근본적인 핵심으로 압축해야 한다. 그 결과로 얻게 될 핵심 항목들이 온전한 전체 이야기로 느껴지지 않을지도 모르지만 나를 믿으라. 이 중요 항목들은 이야기를 더 간결하게 만드는 데 도움이 될 것이다.

📢 이해의 장벽: 10살짜리가 이해할 수 있는가?

현실 세계에서 당신이 직면할 두 번째 도전과제는 이해다. 당신과 이야기를 나눌 사람들은 당신의 이야기를 명확히 이해해야 한다. 그렇지 않다면 그들은 관심을 잃어버리거나 당신을 무시하게 될 것이다.

이야기를 좀 더 이해하기 쉽게 만들려면 유행어나 특정 집단에서 쓰는 용어, 산업에 특화된 전문용어를 쓰지 않아야 한다. 비록 당신이나 당신이 만드는 제품, 속한 산업이 복잡하다고 해도 현학적이거나 기술적인 용어는 최대한 피하라. 상황에 따라 이런 용어들을 쓰는 게 적절할 때도 있다. 하지만 웬만하면 이런 용어들은 제거하는 편이 낫다. 상대방은 당신이 만드는 상품의 용도나 사업에서 제공하는 서비스를 파악하느라 시간을 낭비하고 싶어 하지 않는다. 그러니 그들이 복잡한 사업을 이해하느라 머리를 쥐어짜도록 만들지 말라. 그들의 뇌가 과부하 상태가 되면 당신은 그들의 관심을 잃게 되는 것은 물론 의욕마저 꺾어버릴 수 있다.

이야기를 이해하기 쉽게 만들기 위한 두 번째 방법은 듣는 사람에게 더 익숙한 프레임워크를 제공하는 것이다. SoFE 프레임워크는 시작, 중간, 결말 구조에 의존하는 만큼 그런 과제를 잘 수행해낸다. 모든 사람이 잘 알고 이해하는 구조기 때문이다. 앞서 설명한 여섯 가지 이야기 유형을 활용한다면 당신이 하려는 이야기에 대한 친밀감도 더 높일 수 있다.

마지막으로 당신은 라이프 이즈 굿의 버트 제이콥스처럼 '4학년' 테스트를 채택할 수도 있다. 이 테스트는 '라이프 이즈 굿'이라는 단순한 이름이 빚어낸 성공을 보고 제이콥스가 개발한 기술이다. 이 테스트는 제시된 개념이나 이야기를 4학년 아이가 이해할 수 있는가에 초점을 맞춘다. 만약 이해하지 못한다면 이야기가 너무 복잡하다는 뜻이다. 제이콥스는 회사가 내리는 모든 중요한 의사결정에 이 기준을 적용한다. "4학년 아이가 이것을 이해할 수 있을까?" 당신의 가정에 4학년이거나 4학년에 가까운 누군가가 있다면, (문자 그대로) 같은 유형의 테스트를 당신의 이야기에 적용해보라. 만약 없다면, 상대적으로 어린 사람을 찾아서 당신의 이야기를 보여줄 것을 강력히 권한다. 그들에게 이야기를 들려줘라. 만약 그들이 당신의 이야기를 똑같이 반복해서 말해줄 수 있다면 합격이다. 그렇게 하지 못한다면 이야기를 더 단순화할 필요가 있다.

독창성의 장벽: 0.1퍼센트의 차이

의심할 여지없이 당신이 직면하게 될 세 번째 어려움은 당신의 아이디어가 가진 독창성, 아니 그보다는 독창성의 부족이다. 대부분의 창업자들은 자신의 사업이나 제품이 독창적이라고 생각하며 그 일을 자신들처럼 하는 사람은 아무도 없다고 생각한다. 심지어 그들은 '실질적인' 경쟁은 존재하지 않는다고 말할 정도로 대담해지기도 한다. 그러나 이런 접근 방식의 문제점은 정확하게 그들의 제품처럼 보이고 느껴지는 다른 제품이 분명 어딘가에 있다는 점이다.

이 사실 때문에 창업자의 사업을 돋보이도록 만들 방법을 찾기란 엄청나게 어렵다. 너무 많은 아이디어가 끊임없이 세상에 쏟아져 나오고, 그러다 보니 모두 비슷비슷하게 들리기 때문이다. 상처에 소금을 붓는 일이지만 당신은 이미 시장에 나와 있으며 브랜드 인지도도 높은 기존 제품과 경쟁해야 한다. 식료품 매장에 있는 치약, 단백질 스낵바, 음료 진열대를 훑어보라. 이 사실을 직접 느낄 수 있을 것이다.

이렇게 생각해보자. 인간의 DNA는 99.9퍼센트가 정확하게 같다. 스타트업 아이디어와 신제품도 이와 비슷하다. 몇 건의 스타트업 피치와 창업자 이야기를 동시에 들어보면 이들 중 대다수가 서로 비슷하게 들릴 것이다. 하지만 좋은 소식은 인류 전체를 통해 나타나는 그 0.1퍼센트의 다른 DNA에 우리 사이에 존재하는 300만 가지의 차이점이 있다는 사실이다. 당신의 이야기도 이와 같다. 당신만의 이야기는 당신과 같은 고유한 것이기 때문이다. 70억 인구 중에서 당신과 똑같은 경험을 한 사람은 없기에 전 세계의 어느 누구도 당신과 같은 이야기를 가진 사람은 없다. 당신은 이런 수백만 가지의 차이점에서 나오는 특별함을 마음껏 누림으로써 당신의 이야기가 가진 독특함을 활용해야 한다.

나는 제5장에서 이야기를 돋보이게 만드는 다양한 방법들을 공유한 바 있다.

- 개인적인 이야기로 만들라.
- 틈새시장을 개척하라.
- 약자라는 사실을 받아들이라.
- 약점을 감추지 마라.
- 숫자를 영리하게 활용하라.
- 남들이 가지 않는 길을 가라.

검토 과정의 일부로 당신의 이야기를 다시 깊게 파고들어 스스로에게 다음과 같은 질문들을 해보기 바란다.

- 내 이야기는 독특한가?
- 돋보이기 위한 방법들 중 하나 혹은 그 이상을 적용했는가?

만약 그렇지 않다면 제5장에 나온 이들 요소들을 다시 검토해보라. 그리고 당신의 이야기에 어떻게 적용해야 할지 살펴보길 바란다.

1. 개인적인 이야기로 만들라: 이 모험이 당신만의 것이 되도록 세부 사항과 특성, 개성을 활용해 어떤 다른 누구도 할 수 없는 방식으로 상대방을 사로잡으라. 당신의 개인적인 경험 속에는 당신이 하는 일을 지구상의 다른 누구의 일과도 차별화해주는 바로 그런 요소들이 존재한다.

2. 틈새시장을 개척하라: 시장이라는 풍경 속에 있는 산 하나를 찾아내 그 산에 깃발을 꽂고, 크건 작건 알려졌건 아니건 상관없이 그 산의 주인이 당신이라고 주장하라. 여기서 핵심은 이야기를 통해 그 주장을 분명하게 펼침으로써 상대방에게 그 산이 어디 있으며 당신이 어떻게 그 산을 소유하고 방어할 것인지를 알리는 데 있다.

3. 약자라는 사실을 받아들이라: 약자의 지위를 끌어안는 것을 두려워하지 말라. 상대방이 당신을 응원하고 누구를 응원해서는 안 되는지 알 수 있도록, 그 산업에서 골리앗과 대적하는 다윗이 당신임을 알게 하라.

4. 약점을 감추지 마라: 취약해지려면 깊게 파고들어서 껍데기를 벗어버려야 한다. 당신이 사업 경험을 공유할 때, 당신이 어

떤 사람인지 상대방이 알게 해야 한다. 사업에 마음과 영혼을 쏟았던 이유를 알려줌으로써 다양한 차원에서 상대방과 신뢰를 구축하고 교감하라. 듣는 사람이 당신의 아이디어가 단지 미친 생각이 아니라 실제 문제를 해결하겠다는 결의와 필요에 뿌리 내리고 있음을 알 수 있도록, 끓어오르는 마음속의 욕구를 공개하라. 당신의 절망감을 공유하고 당신의 제품이 어떻게 고객의 삶의 질을 높일 수 있는지 세부 사항을 제시하라.

5. 숫자를 영리하게 활용하라: 얼마나 간결한가에 따라 숫자는 이야기의 가치를 높이는 엄청나게 강력한 재료다. 숫자를 이야기에 효과적으로 통합한다면, 빈 방에 화사한 색깔을 입히듯이 이야기는 생동감을 얻는다. 단, 그 숫자는 이야기와 관련성이 있고 추가할 만한 가치가 있어야 한다. 이야기를 어수선하게 만들지 않고 풍부하게 만들 수 있도록 숫자를 선별적으로 사용해야 한다는 사실을 명심하라.

6. 남들이 가지 않는 길을 가라: 남다른 경로를 가게 되면 규범을 비껴 나가면서 상대방의 기대를 뛰어넘을 수 있다. 그러면 그들은 자연스럽게 주의를 집중한다. 상대방을 놀라게 할 매력적인 사실관계, 극단적인 시나리오, 혹은 직관을 벗어나는 아이디어를 제시해보라. 전혀 예상치 못한 뭔가를 소개하는 것은 매우 강력한 도구며 이야기를 돋보이게 만드는 데 도움을 줄 수 있다.

두 번의 파산을 이기고 탄생한
'음악 게놈 프로젝트'

1988년에 정치학 학사학위를 받고 대학을 졸업한 팀 웨스터그렌 Tim Westergren에게는 미래를 위한 명확한 비전이 없었다. 그가 자신의 미래에 대해 가졌던 유일한 단서는 음악에 대한 열정이 남달랐다는 사실뿐이었다. 웨스터그렌은 어릴 때부터 피아노를 쳤고 대학에 다니면서 그 열정을 계속 이어가기 위해 컴퓨터 음향학과 레코딩 기술을 공부하기도 했다.

졸업 후 그는 뮤지션이 되어 음악을 향한 자신의 꿈을 좇기 시작했다. 그 후 10년 동안 밴에 살면서 밴드 멤버들과 이곳저곳으로 공연을 다녔다. 생활비를 벌기 위해 파트타임 일도 하면서 말이다. 그는 여러 뮤지션들과 고속도로를 여행하고 같이 공연을 하면서 그들이 처한 어려운 상황을 알게 됐다. 그 과정에서 뮤지션으로서 마땅히 생계를 유지할 수 있어야 할 실력 좋은 사람들이 오히려 수년간 고생만 하고 결국 음악을 포기하는 경우를 많이 보게 됐다. 그의 밴드 역시 그 고비를 넘기지 못했다.

결국 그는 뮤지션의 길을 포기하고 로스앤젤레스로 넘어가 영화 음악 작곡가로 진로를 틀었다. 영화 음악가로서 그의 주요한 업무 중 하나는 감독이 원하는 바가 정확히 무엇인지 파악하는 일이었다. 그 과정에서 웨스터그렌은 한 가지 요령을 터득했는데, 바로 감독과 함께 앉아 한 무더기의 CD를 틀면서 각각의 노래에 대한 감독의 피드백을 얻는 것이었다. 그 과정에서 구체적인 음악 지식은 의미가 없었다. 그저 좋은지 혹은 싫은지가 중요했고 이는 찬성과 반대로 이뤄진 투표 과정과도 같았다. 그는 이렇게 얻은 감독의 '취향'에 대한 정보를 데이터베이스 삼아 감독이 원하는 영화 음악을 만들어냈다. 웨스터그렌은 이 일에 상당히 뛰어났고, 심지어 의도하지는 않았지만 자신이 음악 취향을 바탕으로 한 음악 게놈 지도를 창조하기 시작했다는 사실을 깨달았다.

바로 이때쯤 웨스터그렌은 싱어송라이터인 에이미 만^{Aimee Mann}에 대한 기사를 읽었다. 대중에게 다가가는 일이 얼마나 어려운가를 토로하는 기사였다. 에이미 만이 과거에 낸 두 개의 음반은 20만 장이 넘게 팔렸고 비평가들도 찬사를 보냈다. 하지만 그녀가 소속된 음반회사에서는 그녀의 최신 앨범을 발매하고 싶어 하지 않았다. 수십만 장 정도가 아닌, 수백만 장을 팔 수 있는 더 거물 아티스트에게 집중하고 싶었기 때문이었다. 그 기사는 뮤지션으로서 웨스터그렌 자신이 겪었던 수많은 어려움과 과제를 기억나게 했다. 그는 작곡가로 일하면서 만들었던 음악 게놈 지도에 대해 고민하기 시작했고, 대중에게 더 가까이 다가가려는 아티스트들의 문제를 해결하는 데 그것을 활용할 수 있을지도 모른다고 생각했다.

그는 자신이 개발한 음악적 분류 체계를 코드화시키고 한 곡의 노

238

래를 다른 노래로 연결시켜줄 추천 엔진을 구축하면서 이를 수학과 결합할 방법을 찾기 시작했다. 그의 희망은 이 추천 엔진을 통해 소비자들이 새로운 음악, 수천 개의 밴드가 만든 잘 알려지지 않은 음악을 '발견'할 수 있도록 돕는 것이었다.

1999년 웨스터그렌은 뮤지션인 다른 두 친구, 윌 글레이서Will Glaser, 존 크래프트Jon Kraft와 함께 일하기로 하고 '세비지 비스트 테크놀로지|Savage Beast Technologies'라는 회사를 설립했다. 바로 이 시기에 인간 게놈 프로젝트는 엄청난 성과를 이루고 있었고 1990년대 말까지 인류의 유전자 코드 판독을 목표로 삼고 있었다. 이런 상황은 그들에게 영감을 제공했고, 그들은 자신의 프로젝트를 '음악 게놈 프로젝트Music Genome Project, MGP'라고 불렀다. 그들의 목표는 음악의 분류 체계를 만들어서 더 많은 사람들이 자신이 이미 좋아하는 음악과 비슷한 음악을 들을 수 있도록 하는 것이었다. 그들은 사업계획서를 만들어 자금을 조달하는 작업에 착수했다.

그들은 2000년 3월 첫째 주에 벤처캐피탈에서 150만 달러를 조달했다. 작은 스튜디오 아파트로 이사를 들어가고 사무실을 차리면서 진정한 스타트업이 됐다. 그들은 곧 추천 엔진을 만드는 작업을 도와줄 뮤지션과 엔지니어들을 고용했다. 그리고 보컬과 리듬, 화성, 멜로디, 가사, 기악 편성 등 모든 세부 사항을 포함하는 '음악 장르'를 식별하는 작업에 들어갔다. 아울러 곡들 사이의 '음악적 거리'를 계산할 수 있는 독특한 고성능 알고리즘을 추가했다. 그들이 고용한 음악 분석가는 한 번에 한 곡씩 약 1만 곡을 검토했다. 종이와 연필을 가지고 그들은 음악 게놈 프로젝트의 데이터베이스를 천천히 구축해나갔다. 어떤 곡을 다른 유사한 곡들과 매칭해주는 프로토타입을 구축하는 데 10개월이 걸렸다.

그렇게 구축한 프로토타입 매칭 엔진을 시험하기 위해 그들은 가장 먼저 비틀즈Beatles의 노래를 입력해보았다. 정확하지는 않지만 「일리노어 릭비Eleanor Rigbby」나 「노르웨이의 숲Norwegian Wood」 중 하나였을 것이다. 길고 긴 2분이 지난 후, 매칭 엔진은 비지스Bee Gees가 부른 「뉴욕 마이닝 디재스터 1941New York Mining Disaster 1941」이라는 노래를 불러왔다. 엔진은 생각만큼 제대로 작동하지 않았다. 거의 1년 동안 프로토타입을 만들고 100만 달러에 가까운 돈을 쏟아 부었는데 엔진은 비틀즈와 비슷한 음악으로 비지스를 매치시키는 완전히 엉뚱한 해답을 제시한 것이다. 웨스터그렌과 팀원들은 좌절에 빠졌다. 하지만 이 엔진은 사실 제대로 작동했던 것으로 나중에 밝혀졌다.

알고 보니 이 엔진이 추천한 비지스는 블루스 풍의 음악을 하던 더 앞선 시기에 활동했던 동명의 다른 밴드였다. 깁 형제Gibb brothers들이 결성한 우리가 다 아는 그 팝 밴드 비지스가 아니었던 것이다. 실제로 이 비지스는 기본적으로 비틀즈를 모방한 밴드였고, 그들의 음악은 비틀즈와 잘 맞았다. 그제서야 그의 팀은 열광했다. 그 엔진은 아티스트들을 둘러싼 메타데이타를 전혀 알지 못했지만 노래들을 상당히 정확하게 매칭시키면서 음악적 연결을 구축했다. 프로토타입을 더 많이 시험해보면서 그들은 제대로 작동되는 알고리즘을 만들었음을 확신하기 시작했다.

하지만 문제가 하나 있었다. 프로토타입을 준비하고 이를 만드느라 1년이 지나면서 자금이 떨어지기 시작한 것이다. 그때는 2001년이었다. 50명의 직원이 있었고 현금 흐름에도 문제가 있었다. 그리고 닷컴 시장이 폭락했다. 자금 조달은 거의 불가능했다. 세비지 비스트에서는 거의 2주마다 모든 직원이 참석하는 회의가 열렸고 웨스터그렌은 직원들에게 급여를 받지 않고 몇 주 동안 더 일해달라고 사정했다. 일부는 회사를 떠났지만 남은 사람들도 많았다. 이 상태는 무려 2년이나 지속됐다. 웨스터그렌은 거의 15만 달러에 달하는 개인 빚을 지면서 11개의 신용카드를 최대한도까지 썼다. 2003년 초에 그만둔 직원들이 체불된 급여를 받으려고 소송을 걸었을 때 회사는 거의 문을 닫을 뻔했다. 세비지 비스트에서 웨스터그렌이 직원들에게 언젠가 갚겠다고 약속한 체불 급여는 150만 달러까지 늘어났다.

그런 어려움 속에서도 그는 여러 벤처캐피탈리스트를 대상으로 피치를 계속했다. 하지만 닷컴 폭락 이후 투자자들은 비즈니스 모델이 검증되지 않았거나 변화 중인 기업에 투자하는 일에는 관심이 없었다. 그들의 비즈니스 모델은 음악 게놈 프로젝트로 어떻게 돈을 벌 수 있을지 고민하면서 바뀌기 시작했다. 최초의 모델 중 하나는 이 기술을 음반 매장에 있는 음악 감상용 키오스크에 결합하는 것이었다. 그들은 2002년 매장 내에 시험적으로 키오스크를 설치하면서 초기 성공을 거뒀다. 그리고 그 성공 덕분에 AOL 뮤직과 베스트 바이Best Buy(미국 전자제품 및 소프트웨어 전문 소매업체-옮긴이)와 파트너십을 체결할 수 있었고, 향후 몇 년에 걸쳐 돈을 지급받을 수 있게 됐다. 하지만 부족한 자본을 해결하기에는 역부족이었다. 그 시점에도 웨스터그렌은 300명이 넘는 투자자들을 만나 피치를 했지만 모든 투자자들이 그 아이디어를 거부했다.

운이 좋게도 그의 회사는 2004년 초반까지 살아남았다. 웨스터그렌은 언제나 그의 팀에 희망을 불어넣을 방법을 찾아냈고, 파트너와 외부 기관들에게 투자를 받기 위해 계속해서 그들의 이야기와 비전을 만들어내고 수정을 거듭했다. 그때까지 그가 다음 단계의 자금 조달을 위해 설득한 투자자들은 347명에 달했다. 2004년 3월, 웨스터그렌은 월든 벤처캐피탈Walden Venture Capital의 벤처캐피탈리스트이자 한때 뮤지션이기도 했던 래리 마커스Larry Marcus 앞에서 사업 설명을 할 기회를 얻었다.

마커스는 음악 게놈 프로젝트가 가진 잠재력을 사랑했고 결국 투자를 결정했다. 마커스의 회사는 최종적으로 다른 투자자들과 함께 900만 달러를 투자하는 단계에 참여하기로 했다. 웨스터그렌과 세비지 비스트 앞으로 갚아야 할 빚이 여전히 150만 달러 정도 있던 상태였다. 마침내 최종 단계의 자금 조달을 성사시켰을 때, 웨스터그렌은 직원들에게 깜짝 파티를 해주기로 결심했다. 당시 직원들은 자금 조달 과정에 대해서는 거의 정보 단절 상태였고 그가 최종적으로 자금 조달을 완료했다는 사실을 아무도 몰랐다. 다음날 직원들이 모두 참석한 회의에서 웨스터그렌은 엄청나게 쌓아 올린 돈 봉투들을 들고 등장했다. 그는 봉투들을 테이블 위에 탁 소리가 나게 던져놓은 다음, 그 방에 있는 50명의 직원들에게 나눠줬다. 10만 달러가 넘는 수표를 받은 사람들도 일부 있었다.

더 좋은 소식은 자금이 부족했던 지난 3년 동안에도 그들이 음악 게놈의 라이브러리를 계속 확장시켜왔다는 사실이었다. 900만 달러를 확보했을 때, 그 라이브러리에는 70만 곡이 넘는 음악과 1만 명이 넘는 아티스트들이 포함돼 있었고 매달 1만 곡의 새로운 노래가 추가되는 중이었다. 그들은 거대한 데이터베이스와 가치가 매우 높은 지적재산을 창조한 것이다. 자금 조달 단계가 끝난 후 그들은 모여 앉아 그 음악 자산들을 가지고 다른 어떤 일들을 할 수 있을지 고민해보기로 했다.

사람과 전략, 제품, 이야기에 발생한 모든 변화에도 불구하고 그들의 궁극적인 미션과 목적은 변하지 않았다. 사람들에게 음악을 소개하고, 뮤지션들이 자신의 음악으로 생계를 유지하도록 도와주는 것이었다. 대표 투자자인 래리 마커스는 그들이 구축한 IP와 음악 라이브러리를 활용하면서 광고 수익을 낼 수 있는 인터넷 기반의 개인화된 라디오라는 비즈니스 모델을 찾아냈다. 그들은 이-론 앤드 새턴E-Loan and Saturn의 전 임원이었던 조 케네디Joe Kennedy를 새 CEO로 영입했고, 그는 음악 게놈 데이터베이스를 인터넷 라디오 서비스 센터로 활용하는 아이디어 개발을 도왔다.

그들은 세비지 비스트라는 이름을 버리고 마침내 새로운 이름을 생각해냈다. 케네디가 《빌보드Billboard》 잡지 뒷면에 갈겨쓴 판—도—라 P-a-n-d-o-r-a였다. 최초의 음악 스트리밍 서비스 플랫폼 판도라는 이렇게 탄생했다. 그들은 사설 조사원을 고용해 지금은 활동하지 않는 '판도라의 상자'라는 이름의 밴드 멤버를 찾아냈고 5,000달러를 주고 도메인을 샀다. 그렇게 음악적으로 모든 준비를 갖춘 후 2005년 9월, 그들은 사용자에 따라 개인화가 가능하고 상호작용을 할 수 있으며 광고가 없는 온라인 라디오 스트리밍 서비스인 판도라닷컴을 출범시켰다.

오늘날 판도라에는 7,600만 명에 달하는 활동적인 사용자들이 연간 200억 시간 동안 콘텐츠를 스트리밍한다. 판도라는 연간 매출이 15억 달러에 달하고 서비스를 시작한 이래 뮤지션들에게 로열티 비용으로 20억 달러가 넘는 금액을 지급했다.

💬 '이야기의 수정'을 두려워하지 마라

웨스터그렌이 판도라에 관한 아이디어를 하룻밤 사이에 생각해낸 것은 결코 아니었다. 그 아이디어가 성공하기까지는 오랜 시간이 걸렸다. 그는 그 과정에서 이야기의 모든 부분을 수정하고 다시 썼다. 뮤지션으로 출발해 영화음악 작곡가로 변신하고 세비지 비스트라는 스타트업을 창업하기까지 웨스터그렌은 실패에서 배우고 성장해야 했다. 그는 수많은 부침을 겪으며 자신의 재능과 경험의 완벽한 조합을 발견했다. 뮤지션으로서 웨스터그렌은 음악을 들어줄 누군가를 찾는 일의 어려움을 잘 이해했다. 영화음악 작곡가로서 그의 역할은 음악 감독이 자신의 영화를 위해 무엇을 원하는지 이해하는 것이었다. 그래서 그는 합격과 불합격의 반복으로 이뤄진 인터뷰 시스템을 구축했다. 이 시스템 덕분에 그는 감독들이 원할 만한 것을 예측하는 능력을 쌓았고 이 능력은 다시 그에게 음악적 취향을 코드화하고 추천 엔진을 구축하는 데 기술을 활용한다는 아이디어로 이어졌다. 그 후 5년간 더 많은 실수와 성공을 겪은 끝에 웨스터그렌은 마침내 오늘날 우리 모두에게 판도라로 알려진 개인화된 라디오를 만들었다.

웨스터그렌의 이야기에서 위대한 점은 그가 수정의 전문가가 됐다는 사실이다. 2000년대 초반, 그의 팀이 살아남기 위해 일했던 5년 동안 그들은 어떤 것이 효과가 있고 없는지를 배웠다. 최초의 아이디어에서 비롯된 프로토타입은 잘 작동했지만 그들이 하고자 했던 일을 위한 적절한 비즈니스 모델과 비전, 이야기가 없음을 깨달았고 계속해서 이를 수정해야 했다. 웨스터그렌은 300명이 넘는 투자자를 대상으로 피치를 하고 자금을 조달하는 과정에서 많은 시련을 겪었다. 마침내 적절한 시점에 적절한 투자자를 만나기까지 그는 자신의 피치를 계속 수정했다.

웨스터그렌이 보여준 가장 인상 깊은 점 하나는 시간이 지나면서 이야기를 바꾸고 조정하면서도 자신이 세운 비전의 진실성을 그대로 유지하는 능력이다. 세비지 비스트와 판도라의 경우, 웨스터그렌은 시장과 사업이 끊임없이 부침을 겪는 상황에서도 스타트업들이 겪는 변화의 강물을 요령 있게 헤쳐 나갔다. 진화할 수 있는 이런 능력 덕분에 그는 독창적인 아이디어를 생각해내고, 자금 조달을 위한 첫 단계를 완료하고, 직면한 수많은 어려움을 극복하면서 몇 년간 회사를 생존시킬 수 있었다. 그런 유연성 덕분에 그는 성공하려면 비즈니스 모델을 완전히 바꿔야 한다는 사실을 깨달았다. 그리고 이런 깨달음은 전통적인 라디오와 방송 산업을 재편한 새로운 플랫폼을 만드는 일로 이어졌다.

나는 몇 년 전 세계적 리더들이 참가한 한 컨퍼런스에서 웨스터그렌의 영상을 찍었다. 음악에 대한 사랑과 아이디어에 생명을 불어넣으려는 그의 열정은 여전히 생생하게 느껴졌다. 그는 독창적이고 진실한 스토리텔러다. 그의 매력과 카리스마 덕분에 그는 플랫폼으로서 판도라의 비전과 그 브랜드에 관한 자신의 믿음을 사람들과 나눌 수 있었다. 웨스터그렌이 판도라의 이야기를 몇 번이나 다시 써야 했는지에 관계없이 한 가지는 일관

성 있게 유지됐다. 뮤지션에게는 자신의 음악을 선보일 기회를
제공하고, 소비자들에게는 새로운 좋은 음악을 찾도록 도와준
다는 단순한 목표와 비전이었다.

START
WITH
ST$RY

제12장

실전 대비
연습하기

이야기를 합치고, 검토하고 수정했다면 이제는 연습하고 실험에 들어갈 차례다. 연습은 이야기를 더 효과적으로 전달할 수 있도록 해준다. 지금까지는 이 모든 일을 혼자서 해왔지만 이제 다른 사람과 이야기를 공유하게 될 것이다. 그리고 연습은 취약한 부분과 잠재적으로 혼란을 주는 영역을 찾아내는 데 도움을 줄 것이다.

누구와 어떻게 하건, 연습 단계에서는 상당한 양의 시간을 투자해야 한다. 한두 번 연습하는 것으로는 안 된다. 계속 반복해서 연습하라. 더 많이 연습할수록 더 좋아질 테니 말이다. 이야기를 연습할 때, 모든 것이 계속 매끄럽게 흘러가도록 당신만의 리듬과 속도를 개발하라. 내용을 내면화하는 작업도 시작해야 한다.

연습은 우리 뇌가 작동하는 방식이기 때문에 스토리텔링에서 엄청나게 중요하다. 생리학자들로 이뤄진 한 연구 팀이《신경과학저널 Journal of Neuroscience》에 발표한 바에 따르면, 새로운 기술을 더 많이 연습할수록 우리의 뇌는 에너지를 더 적게 쓰면서 다른 것들에 초점을 맞추기 시작한다. 즉, 말하기 연습을 더 많이 하면 할수록 내용에 관한 걱정은 줄어들고 눈 맞춤과 보디랭귀지를 통한 청중과의 상호작용에 더 많은 신경을 쓸 수 있다는 얘기다.[14] 이러한 연습을 반복하면 뇌는 데이터를 더 쉽게 처리할 수 있고 뇌의 작동 속도와 효율은 더 높아질 것이다.

처음에는 이야기가 부자연스럽고 어색하고 딱딱하게 느껴지는 것이 당연하다. 하지만 연습을 더 많이 하면 할수록 이야기는 더 자연스러워질 테니 걱정하지 말라. 내용을 암기하고 전달 과정의 흐름을 개발하기 시작하면 이야기는 점점 더 매끄러워지고 말하기는 제2의 천성처럼 몸에 밸 것이다. 그러면 듣는 사람은 당신이 암기한 내용을 그대로 반복하는 것이 아니라 자연스럽게 당신의 경험을 공유하고 있다고 받아들일 것이다.

이 책에서 언급된 위대한 스토리텔러들의 말하기를 여러 각도에서 분석해보기를 권한다. 스타벅스의 하워드 슐츠, 스팽스의 사라 블레이클리, 채리티 워터의 스콧 해리슨, 토니 로빈스 외 많은 사람들을 말이다. 온라인에서 그들의 영상을 찾아보고 그들이 자기 이야기를 어떻게 하는지 지켜보라. 우리 회사 웹사이트를 방문해 우리의 이야기와 유명한 창업가들에 대한 분석을 연구해보라.

당신의 이야기는 당신 회사가 살아 있는 한 그리고 그 후에도 당신과 함께 살아갈 것이다. 연습에 이렇게 시간과 에너지를 투자하는 것은 가치가 있다. 연습을 통해 익숙해지면 무엇을 말하고 어떻게 말하는지에 대해 더 이상 걱정할 필요가 없어진다. 그리고 그 수준에 이르면 이야기는 당신이라는 사람의 자연스러운 확장이 된다. '당신의 일부'를 공유하고 있는 셈이니까 말이다. 연습을 통해서 당신의 이야기가 사업상의 모든 필요를 충족하도록 도와줄 '창업자용 스위스 군용 칼'이 되는 수준에 도달할 수 있다.

내가 연습 상대로 추천하는 사람들로는 세 부류가 있다. 첫 번째는 당신 자신이고, 두 번째는 당신과 가장 가까운 사람인 가족이나 친구들, 세 번째는 직업상의 네트워크에 속한 사람들인 직장 동료나, 멘토, 동료 기업가들이다.

🗨 자기 자신과 연습하라

우리는 스스로에게 얼마나 좋은 피드백을 줄 수 있는지 종종 평가절하하곤 한다. 하지만 우리 모두는 훌륭한 비평가다. 이 세상에서 무엇에 관심을 기울여야 할지 끊임없이 결정을 내리고, 품질이 좋은 것과 나쁜 것을 구별하도록 도와주는 필터를 개발해

왔기 때문이다.

자기 자신과 연습하는 효과적인 방법으로는 세 가지를 꼽을 수 있다. 첫째, 당신의 이야기를 소리 내서 읽어보고 어떻게 들리는지 집중해서 들어보기 바란다. 거기에 감정이 실려 있는가? 억양이 있는가? 그 이야기에 관심이 가는가? 아니면 지루한가? 당신의 이야기는 일상적인 대화처럼 들려야 한다. 당신의 이야기가 직무 명세서를 읽는 것처럼 들려서는 안 된다. 이야기는 당신을 끌어들여야 하고, 설득력이 있어야 하고, 듣는 사람의 심금을 울려야 한다.

이 단계의 연습을 하면서 도움이 될 만한 또 다른 방법은 자신의 말을 소리 내서 읽으면서 녹음하는 것이다. 소리만 녹음해도 되고 아예 영상으로 찍어도 상관없다. 각각의 방법을 통해 이야기가 어떻게 들리는지, 당신이 어떻게 보이는지 알 수 있을 것이다. 나도 안다. 카메라에 찍힌 자기 자신을 보는 일은 무척 민망하다. 화면에서 자기 모습 보기를 좋아하는 사람은 매우 드물지만 녹화를 해보면 이야기할 때의 버릇이나 소소한 고칠 점들을 발견할 수 있을 것이다.

이야기를 녹화할 때 시간을 정해두고 작업을 할 수도 있다. 자기 이야기는 60초밖에 안 된다고 생각하는 사람이 많지만 막상 녹음을 해보면 3분이 훌쩍 넘고 그 사실을 깨닫지도 못했다는 걸 알게 된다. 자기 이야기 녹음하기는 말하는 사람으로서가 아니라 듣는 사람으로서 이야기를 편집하고 수정할 수 있는 좋은 방법이다. 녹음분이나 녹화분을 다시 보면서 이야기를 글로 옮긴 버전에 편집자들이 하듯이 메모를 하거나 수정을 하는 것도 좋다.

더 많이 연습하고 검토할수록 상황과 매체에 맞춰 다양한 길이, 다양한 주제의 이야기들을 만들어낼 수 있다. 우리는 이야기를 종종 웹사이트에 싣거나 이메일을 보낼 때 첨부한다. 따라서 읽는 사람이 그 이야기의 내용을 이해하고 관심을 가질 수 있어야 한다.

💬 친구 또는 가족과 연습하기

활용해야 할 두 번째 그룹은 친구와 가족이다. 그들은 당신의 성공을 응원하고 이야기와 관련해 당신을 돕는 데 시간과 에너지를 기꺼이 쓸 수 있는 사람들이어야 한다.

나는 이 방법을 '안전한 연습'이라고 부르고 싶다. 다른 사람들 앞에서 연습해본다는 점에서는 바람직하지만 이 그룹이 당신에게 현실적인 피드백을 제공해줄 가능성은 매우 낮기 때문이다. 대부분의 경우에 친구와 가족들은 거르지 않은, 이야기 개선에 필요한 진실한 피드백을 주지 못한다. 당신과 가깝기 때문에 진짜로 생각하는 바를 솔직히 말하기 어려운 것이다. 하지만 그들은 어떤 경우에도 당신을 응원할 것이고 그 응원이 당신에게 자신감을 심어준다는 점에서 그들은 아주 좋은 연습 상대다. 운이 좋다면 가족과 친구 중에서도 정직하고 훌륭한 피드백을 줄 사람이 있을 것이다. 그들이 당신의 이야기에서 온갖 종류의 문제점을 발견하거나 심지어 좋은 이야기가 아니라고 말할 수도 있다. 이 단계에서 그런 반응은 설령 당신이 그들의 말에 동의하지 않는다 해도 매우 유용한 정보가 된다. 이 과정을 거치면서 받은 피드백은 어떤 것이든 도움이 된다는 걸 염두에 두자.

🗨 비즈니스 동료들과 연습하기

당신이 연습 상대로 삼아야 할 세 번째 그룹은 직업적 동료들이다. 직업적 동료는 긴밀하게 맺어진 비즈니스 네트워크로, 일반적으로 당신을 응원하지만 다소 객관적이며 현실 세계와 가장 근접한 피드백을 줄 수 있는 사람들이다. 아마도 동료 기업가, 멘토, 자문단, 사업 파트너가 여기에 해당될 것이다. 창업자나 창업을 해본 사람이라면 그들에게도 이야기와 관련된 경험이 한두 개쯤은 있을 것이다. 이들 역시 당신과 같은 상황에 처해봤을 가능성이 높기 때문에 보다 건설적인 피드백을 줄 수 있다. 그들은 이야기를 만들 때 특정한 함정을 어떻게 피해야 하는지 혹은 자신에게 효과가 있었던 방법은 무엇이었는지에 대해 조언을 해줄 수도 있다.

이 그룹이 현실과 가장 가까울 가능성이 높긴 하지만 이들에게 너무 의존할 필요는 없다. 이들의 피드백이 투자자나 기자, 고객처럼 궁극적으로 당신이 이야기를 공유하고 싶은 대상에게 받게 될 정확한 피드백을 대변하지 않을 수도 있고, 그보다 부족할 수도 있다는 사실을 여전히 명심해야 한다.

🗨 피드백 요청을 위한 다섯 가지 질문

테스트 그룹에게 단순히 이야기를 들려주고 "저기, 피드백 좀 해주세요"라고 말해서는 안 된다. 보다 구조화된 답변을 얻을 수 있도록 다음 다섯 가지 질문을 준비하라. 이 다섯 가지 질문은 특정한 피드백을 유도하는 데 도움이 될 것이다.

1. 이 이야기에서 가장 좋은 부분은 어디였나요? 그 이유는 무엇인가요?

   당신의 이야기에서 감정적 연결 고리나 기억에 남을 만한 부분을 발견했는지 알아봐야 한다. 아울러 당신이 그들의 관심을 얻고 그것을 유지했는지도 파악해야 한다.

2. 이 이야기에서 가장 취약한 부분은 어디였나요? 그 이유는 무엇인가요?

여기서는 어떤 내용이 효과가 없었는지, 혹은 이야기에 포함될 만큼 충분히 강력하지 않았는지 알아봐야 한다.

3. 이 이야기를 다른 누군가와 나눌 의향이 있나요? 없다면 그 이유는 무엇인가요?

사람들이 다른 사람과 공유하고 싶을 만큼 당신의 이야기가 충분히 설득력 있고 관심을 끄는지 알아보기 위한 질문이다. 그들의 대답이 얼마나 열광적인지에 따라 이를 판단할 수 있다. 그들이 흥분해서 정확히 누구에게 그 이야기를 들려줄 거라고 말한다면, 당신은 옳은 방향으로 가고 있는 것이다. 만약 그들이 "네, 공유할 거예요"라고 말하지만 열광적으로 반응하지 않는다면 이야기를 좀 더 설득력 있게 만들기 위해 수정 방안을 마련해봐야 한다. 어떻게 해야 그들이 더 열광적으로 이야기를 공유할 수 있을지 생각해보라. 혹은 그들이 왜 공유하려 하지 않는지 그 이유를 알아내라. 이런 식의 파고들기는 사람들의 마음을 더 사로잡는 방법을 파악하는 데 유용한 통찰을 제공한다.

4. 이 이야기를 저에게 다시 들려주실 수 있나요?

만약 그들이 당신의 이야기를 요약해서 다시 들려줄 수 있다면 그건 당신이 기억에 남는 이야기를 만들었다는 방증이다. 이 방법은 이야기가 효과적이고, 설득력이 있고, 기억에 남는지 판단할 수 있는 훌륭한 리트머스 테스트가 된다. 만약 그들이 이야기를 하는 데 어려움을 겪는다면 당신이 뭔가를 잘못했기 때문인지, 아니면 그들이 그저 주의를 기울이지 않아서인지 파악해야 한다. 어떤 경우라도 당신은 이야기가 얼마나 기억하기 쉬우며 얼마나 영향력을 가졌는지에 관한 중요한 정보를 얻게 될 것이다.

5. 이 이야기에서 당신은 어떤 감정을 느꼈나요?

이 질문은 다시 이야기의 목적을 향한다. 이야기의 목적이 사업적인 필요에 있지 않다는 것을 기억하라. 이야기의 목적은 듣는 사람에게 특정한 감정을 남기는 것이다. 당신이 이 질문을 했을 때 그들이 대답하는 감정이, 당신이 그들에게 남기고 싶었던 감정과 일치하는가? 그렇다면 당신은 이야기의 목적을 달성한 것이다.

💬 필요한 것은 취하고 나머지는 버려라

당신이 이 과정을 거치면서 피드백을 받을 때, 나의 어머니 에바 그래프트Eva Graft 여사가 했던 말을 기억하기 바란다. "내가 하는 모든 말에 귀를 기울이되, 필요한 것은 취하고 나머지는 버리렴." 모든 피드백을 감안해서 받아들여라. 누구에게나 자기 의견이 있다. 서로 다른 사람들은 서로 다른 피드백을 줄 가능성이 높다. 피드백 중 일부는 도움이 되지 않을 것이며 일부는 이해에 도움을 줄 것이다. 피드백을 평가하고 계속 나아가면서 수정하라.

모든 피드백에 이런 철학을 적용해보라. 당신이 하는 일에 대해 진정한 믿음이 있다면 사람들이 뭐라고 하건 상관없이 그 일을 계속할 것이기 때문이다. 하지만 열린 마음으로 피드백을 받으라. 진심으로 듣고 받아들여라. 진정으로 당신의 이야기를 더 좋게 만들어줄 비판적인 피드백에 집중하라. 그 피드백에 동의하지 않거나 어떻게 대응해야 할지 확신이 서지 않는다면 당신을 도와줄 다른 사람을 찾으라. 계속 일을 진행하면서 이야기를 평가하고 수정하는 데 그 피드백을 활용하라. 당신이 이야기를 더 많이 공유할수록, 그 이야기가 얼마나 효과적이며 얼마나 더 좋아질 수 있는지에 대해 더 많이 알게 될 것이다.

💬 연습하고 연습하고 또 연습하라

어느 정도 연습이 되었다면 실전 상황에서 이를 시험해볼 필요가 있다. 시험과 연습의 차이는 연습에는 실질적인 위험이 없다는 것이다. 연습에서는 당신을 알고 좋아하며 당신의 성공을 바라는 사람들이 함께한다. 반면 시험에서는 일정한 수준의 위험이 존재한다. 투자자가 '노'라고 말할 수도 있다. 고객이 당신의 제안을 거절할 수도 있다. 이야기에 위험을 끌어들인다는 것은 압력이 생긴다는 의미다. 이 같은 압력에 대응하려면 직접 겪어보고 부딪혀보는 방법밖에 없다. 그러나 압력이 가져다주는 좋은 점도 있다. 바로 준비를 더 철저히 할 수밖에 없도록 만든다는 점이다. 연습하고, 압력을 견디면서 시험을 한다면, 시간이 지나면서 이 일을 더 잘하게 될 것이고 이 일이 더 쉽게 느껴질 것이다.

시험을 할 때는 위험이 낮은 환경에서부터 시작할 것을 추천한다. 전문 코미디언들도 종종 그렇게 한다. 새로운 소재가 생기면 거리로 나가는 대신, 현지 클럽이나 누구나 볼 수 있는 무대에서 시도해본다. 그들은 소재를 연습하고 시험해보기 전에는 전체 투어를 예약하지 않는다. 당신도 다양한 지역 행사들을 활용해서 이야기를 테스트해볼 수 있다. 대학교나 고등학교에서 연설을 하거나 아이디어나 이야기를 공유하는 지역 커뮤니티에 참가해보라. 다음번에 모임에 초대를 받아 그 장소를 돌아다니면서 자신을 소개해야 한다면, 60초짜리 버전으로 당신의 이야기를 들려줘라. 그들에게 긍정적인 인상을 심어주면 나중에 당신에게 다가와 더 많이 알고 싶다고 요청하거나 도움을 청한다는 사실을 종종 확인하게 될 것이다.

이야기를 들은 사람들의 반응이 당신의 사업상 필요를 충족하는가? 지역 신문에서 당신에 대한 기사를 실었는가? 소재를 실험해보는 코미디언들처럼, 당신이 농담을 던졌을 때 웃음이 터졌는가? 모임이 끝난 후 누군가가 다가와서 더 많은 이야기를 들려달라고 요청했는가? 혹은 당신에게 투자자가 필요한지 물어봤는가? 이런 질문들과 시나리오는 모두 당신의 이야기가 당신이 희망하는 방식으로 작동하는지 확인할 수 있는 훌륭한 방법들이다.

때때로 당신은 피드백을 받을 수도 있다. 상대방에게 허락을 구하고 앞서 물어본 것과 같은 다섯 가지 질문을 던져볼 수도 있다. 테스트 중에 상대방이 어이없다는 표정으로 당신을 쳐다보거나 이야기가 끝난 후 너무 많은 질문을 하거나 반대로 아무 질문도 하지 않는다면 이는 당신의 이야기가 명확하지 않았음을 의미한다. 이런 지점에서는 이야기를 재평가해볼 필요가 있다. 어디서 어떤 것을 단순화하거나 대체해서 이야기를 더 흥미롭게 만들 수 있을지 고민해봐야 할 것이다.

파인드마이포레거닷컴 같은 경우, 만약 이야기를 듣는 사람이 더 이상 듣지 않거나 혼란에 빠져 있다는 것을 알아차렸다면 나는 이야기를 적절하게 수정했을 것이다. 그들이 이 제품에 대해서 더 많이 알고 싶어 한다면 밤에 개를 더 잘 발견할 수 있도록 목줄에 부착한 기기에서 빛이 나게 만들었다는 이야기를 덧붙였을 것이다. 혹은 그 제품이 파인드마이아이폰 앱처럼 작동한다고 설명할 수도 있다.

피드백을 해석하고 이야기가 더 설득력 있게 들리도록 만드는 일은 전적으로 당신에게 달려 있다. 사건이 듣는 사람의 관심을 사로잡았는가? 상대방이 공감할 만큼 충분히 당신이 겪은 어려움들을 공유했는가? 그들이 당신의 제품이나 서비스가 필요하다고 느낄 만큼 결과가 강력한가? 그들이 당신의 이야기를 다른 사람들과 공유하고 싶어 하도록 만들었는가?

현실을 모방해 당신의 이야기를 시험해볼 또 다른 방법은 다양한 매체들 사이를 옮겨 다니는 것이다. 당신이 누군가를 만나서 이야기를 직접 공유한다고 해보자. 집에 돌아가서 이야기를 수정하려고 할 때 글로 적거나 영상으로 옮기는 등 다른 매체를 이용해 이를 시도해보면 좋을 것이다. 현실 세계에서는 종종 내가 이야기 전달 방식을 선택할 수 없다. 엘리베이터에서 투자자를 만날 수도 있고, 지역방송사가 당신을 인터뷰할 수도 있다. 혹은 이야기를 글로 옮겨서 잠재고객에게 이메일로 보내야 할 수도 있다. 어떤 상황에서든 어떤 매체에서든 이야기를 전달할 수 있도록 준비하는 것이 최선이다.

다양한 매체에서 이야기 만드는 연습을 더 많이 하면 할수록 어떤 상황에서든 당신의 이야기를 더 효과적으로 전달할 수 있게 된다. 예를 들어 당신이 MS 워드를 이용해 이야기 작업을 해왔고 그 이야기가 강력하다고 가정해보자. 이틀 후에 당신은 5개월 동안 접촉하고 싶었던 사람과 지하철역에서 만나게 될 수도 있다. 이때 당신 앞에 서류나 기기가 없어도 이야기를 할 준비가 돼 있어야 한다. 어떤 매체에서나 당신의 이야기를 들려줄 수 있도록 준비하고 이를 연습한다면 당신은 일관된 성공을 거두기 위한 준비를 하고 있는 셈이다.

창업가 이야기 **마크 베니오프** ('세일즈포스닷컴' 창업자)

'노 소프트웨어'로 업계의 공룡들을 무찌르다

세일즈포스닷컴Salesforce의 창업자인 마크 베니오프Marc Benioff는 기업 소프트웨어의 변화에 관한 비전을 기반으로 산업 전체를 바꿔놓은 인물이다. 그는 이 비전을 현실로 만들기 위한 과정의 일환으로 오래전부터 아이디어와 이야기를 연습하고 시험해왔다. 아이디어와 이야기가 성공에 필수불가결하다는 사실을 알고 있었기 때문이다.

베니오프는 역사상 가장 성공적인 기업 소프트웨어 회사 중 하나인 오라클Oracle에서 일하면서 최고의 영업사원이 됐지만, 회사는 더 이상 그에게 동기를 부여하거나 영감을 주지 못했다. 그래서 그는 상사인 창업자 래리 엘리슨Larry Ellison에게 짧은 안식년을 가져도 될지 물어 봤다. 그가 10년 동안 회사를 위해 그토록 열정적으로 일해왔던 만큼 래리 엘리슨은 그 요청을 수락했다. 베니오프는 6개월의 휴가를 얻었 고 열정을 다시 찾고자 전 세계를 탐색하면서 돌아다녔다. 그는 하와 이 빅아일랜드 해변의 오두막 한 곳을 빌렸고, 보트를 타고 아라비아 해를 탐험하기도 하고, 인도 여행 중에는 달라이 라마Dalai Lama를 만나 기도 했다. 그의 인도 여행에는 실리콘밸리에서 창업한 절친한 친구인 아르준 굽타Arjun Gupta가 함께 했다.

인도 여행 중 그들은 트리반드룸Tribandrum이라는 도시의 작은 오두 막에 묵었다. 그리고 그곳에서 그곳 사람들이 애정을 담아 '포옹하는 성인hugging saint'이라고 부르는 마타 암리타난다마이Mata Amritanandamayi 를 만났다. 구루 마타와 함께 앉아 명상의 시간을 가지던 중, 그들은 그녀에게 자신들이 탐색을 하는 중이라고 밝혔다. 그들은 둘 다 삶에 서 더 큰 의미가 있는 무엇인가를 찾는 중이었다. 그들은 희망과 꿈은 물론, 불안과 공포에 대해 이야기하면서 자신들의 삶에 대해 털어놓았 다. 심지어 아르준 굽타는 벤처캐피탈 회사 설립을 위한 사업계획서 를 꺼내 들고는 성인에게 읽어주기 시작했다. 그는 클라우드 및 연결 성을 향해 가는 모바일과 기술의 미래에 대해 이야기했다. 구루 마타 는 앉은 채로 한 시간 동안 인내심 있게 굽타의 이야기에 귀를 기울였 고, 이윽고 그를 향해 말했다. "세상을 바꾸기 위해 그런 위대한 일들 을 하는 동안, 다른 사람을 위해 뭔가를 해야 한다는 사실 또한 잊지 마세요."

베니오프는 구루 마타가 굽타에게 하는 말을 들으면서 마치 그녀가 자신에게 말하고 있는 것처럼 느꼈다. 그는 사업과 좋은 일을 하는 것 사이에서 하나를 선택할 필요가 없다는 생각을 했다. 이 생각은 베니오프에게 기업 소프트웨어에 대한 다른 접근 방법이 존재할 수도 있다는 아이디어를 제공했다. 다가올 몇 달 안에 어떻게든 자신의 존재를 드러내게 될 아이디어였다. 다음 날, 베니오프와 굽타는 미국에 있는 집으로 돌아왔다. 아르준 굽타는 벤처캐피탈 회사를 창업했고 베니오프는 오라클에 있는 자기 사무실로 돌아갔다.

오라클로 돌아온 그는 자신이 '운명적인 전화'라고 불렀던 그 전화를 받았다. 오라클 대표로 '미국의 미래를 위한 대통령의 수뇌회담(미국 젊은이들이 직면한 건강과 교육 문제를 해결하고자 1997년 사회 각계 지도층이 모여 개최한 회의-옮긴이)'에 참여하라는 지시였다. 그 회의에서 콜린 파월Colin Powell 장군은 지역사회와 젊은이들에게 환원하는 일에 관해 감동적인 연설을 했다. 파월 장군은 "이것만 기억하세요. 나가서 다른 사람들을 위해 뭔가를 하세요"라고 말했고, 베니오프에게 그 연설은 또 다른 계시였다. 그는 마치 파월 장군이 자기가 마타에게 들은 말들을 반복한다고 느꼈다. 오라클로 돌아와 그는 상사인 래리 엘리슨과 재단을 만드는 문제에 대해 논의했다. 엘리슨은 그의 계획에 동의했고, 베니오프는 이를 실행에 옮겼다. 그는 낮에는 오라클 고객들을 위해 제품과 서비스를 구축했다. 아침과 밤에는 학교에 컴퓨터를 설치하고 교사들이 그 컴퓨터를 효과적으로 사용할 수 있도록 교육을 하고 아이들과도 함께 작업했다.

베니오프의 재단은 시작부터 매우 순조로웠다. 심지어 그는 파월 장군에게서 직접 전화를 받기도 했다. 장군은 자신이 워싱턴 DC에 있는 맥파랜드 중학교를 맡았다면서 베니오프와 그의 팀에게 컴퓨터를 설치해달라고 요청했다. 엄청나게 더웠던 어느 날, 베니오프와 세 명의 엔지니어로 구성된 그의 팀은 컴퓨터를 설치하기 위해 맥파랜드 중학교로 향했다. 하지만 그들은 곧 문제에 부딪혔다. 컴퓨터실이 있는 3층까지 컴퓨터를 옮기는 작업을 도와줄 사람이 없었던 것이다. 당시는 한 분기가 끝나가는 때였고, 도우러 오기로 한 오라클 직원들이 영업목표 달성에 집중하느라 아무도 나타나지 않았던 것이다. 그들 없이 그 많은 컴퓨터를 옮기기란 불가능했다. 베니오프는 파월 장군에게 전화해 일을 끝내기에는 인력이 부족해서 일정을 바꿔야 할 것 같다고 말했다. 베니오프는 거듭 사과를 했지만 전화가 갑자기 고요해졌다. 장군이 전화를 끊어버린 것이었다. 그는 참담함을 느꼈다.

잠시 후 전화가 울렸다. 베니오프 팀의 선임 엔지니어였다. 그 중학교에 한 대대의 해군이 나타났고 그들이 컴퓨터를 모두 설치하고 있다고 말해줬다. 프로젝트는 성공적이었지만 오라클 직원들이 나타나지 않았기 때문에 베니오프는 자신이 장군을 실망시킨 것 같았다. 그는 실의에 빠져 모든 것을 잘못하고 있는 것은 아닌가 생각했다. 사업과 기술을 유지하면서 이 모든 이타적인 일들을 함께 하려고 노력하는 것은 불가능한 일이었을지도 모른다.

베니오프는 그날 뭔가를 배웠다. 사업과 자선활동을 연결하고자 한다면 자선활동이 그 조직 문화와 깊숙하게 결합돼야 한다는 것이었다. 그서 흉내 내는 수순으로는 안 되는 것이었다. 그 순간 베니오프는 오라클을 떠나서 사업을 시작해야 할 때가 왔다는 걸 깨달았다. 회사를 그만두고 그는 샌프란시스코에 아파트를 빌려서 미션에 관한 작업을 시작했다. 인도에서 가졌던 시간에 깊은 영향을 받은 그는 기술, 그중에서도 특히 소프트웨어가 실행되는 방식에 대해 다른 접근이 필요함을 깨달았다. 그리고 그는 밑바닥부터 기부 문화와 결합된 회사를 만들고 싶었다.

그는 새 회사를 어떻게 만들지에 관한 아이디어를 잠을 자는 도중에 얻었다. 아마존닷컴이 등장하는 이상한 꿈속에서 책, CD, DVD 등의 메뉴 대신에 계정, 연락처, 기회, 예측, 보고서라는 메뉴들을 본 것이다. 그날 아침 그는 잠에서 깨어 월트 디즈니Walt Disney가 한 말을 떠올렸다. "꿈꿀 수 있다면 당신은 그 일을 할 수 있다." 어떻게 그 일을 할 수 있는지에 관한 아이디어는 없었지만 그는 자신의 미션이 정해졌다는 걸 느꼈다.

베니오프에게는 저렴하고 사용이 쉽고 전 세계 어디서든 접근할 수 있는 기업 소프트웨어에 관한 새로운 아이디어가 있었다. 그는 회사에 소프트웨어를 판매하고 배송하는 전통적인 방식을 상대로 전쟁을 선포하고, 기술 고객들에게 서비스를 제공하는 더 나은 방법을 개발한다는 미션에 착수했다.

그는 시벨 시스템스^{Siebel Systems}, 심지어 오라클 같은 기존의 거대 기업들에게 도전하기 위해 거대한 선언문을 만들기 시작했다. 그리고 공개적으로 스타트업의 미션을 '소프트웨어의 종말'이라고 규정했다. 누구나 그가 실패할 거라고 생각했지만 그는 〈고스트 버스터즈〉 영화 로고와 비슷한 '노 소프트웨어^{No Software}'라는 로고와 슬로건을 만들고 앞으로 전진했다. 심지어 영업을 위해 '1-800-NO-SOFTWARE'라는 전화번호도 만들었다.

베니오프는 자신이 세일즈포스^{Salesforce}라고 불렀던 사무실이자 집인 자신의 아파트로 친구와 동료들을 초대해 소프트웨어를 시험해보고 그들이 좋아하는 부분과 싫어하는 부분에 대해 자유롭게 피드백을 해달라고 요청했다. 잠재 고객들을 대상으로 자신의 아이디어를 시험하면서 그는 끊임없이 자신의 메시지와 중점 사항들을 다듬어 나갈 수 있었다.

1999년 7월 21일, 《월 스트리트 저널》은 '취소된 프로그램들: 소프트웨어가 온라인 서비스화되면서 산업 전반을 뒤흔들고 있다'라는 제목의 기사를 전면에 실었다. 그 기사는 '서비스로서의 소프트웨어'라는 개념을 이야기했고 이로써 그는 500건이 넘는 영업 기회를 창출했다. 회사가 출범하려면 아직 6개월도 더 남은 상태였는데 말이다. 다른 잡지들도 '우리가 아는 소프트웨어의 종말'이라는 주제를 선정하고 후속 기사들을 실었다.¹⁵ 그의 회사는 아이디어를 수정하고 끊임없이 시험한 덕분에 견인력을 확보했다. 그리고 이는 제품이 출시되기도 전에 《포천Fortune》 500대 기업에서 그의 소프트웨어 서비스를 신청하게 만든 동력이 됐다. 곧 그들의 제품은 '세일즈포스닷컴'이라는 이름으로 알려졌다.

오늘날 1만 3,000명의 직원을 보유한 세일즈포스닷컴은 매년 50억 달러의 매출액을 창출하고 있다. 마타와 파월 장군에게서 배운 교훈을 잊지 않았던 베니오프는 파격적으로 첫날부터 세일즈포스와 결합된 자선활동들을 만든다는 결정을 내렸다. 그는 이를 1-1-1이라고 불렀다. 세일즈포스는 영원히 자본의 1퍼센트, 이익의 1퍼센트, 직원들의 시간 중 1퍼센트를 미국 세법에서 규정하는 공공 자선기관에 투자하기로 약속했다. 그들의 노력은 《포천》과 《포브스Forbes》 등의 매체에서 주목을 받았고, 이제까지 그들이 자선기관에 기부한 금액은 5,000만 달러에 달한다.

베니오프의 이야기에는 우리가 앞서 다룬 많은 요소들이 잘 담겨 있다. 아이디어를 시험하고 적용하는 그의 능력을 넘어서 그의 방법이 효과를 발한 가장 큰 이유 중 하나는 베니오프가 제시한 아이디어의 웅대함에 있다. '소프트웨어의 종말' 같은 그의 주장은 상식을 벗어나는 파격적인 것이었고 이는 엄청난 공짜 홍보로 이어졌다. 그는 또한 약자라는 카드도 잘 활용했다. 그의 회사는 다윗이었고, 시벨 시스템스 같은 기존의 산업 리더들은 골리앗이었다. 그는 거인들이 가진 강점을 그들에게 불리하게 작용하도록 돌려놓았고 자신의 작은 규모와 겁 없는 본성을 설득력 있는 강점으로 활용했다. 물론 모든 사람이 이런 접근 방식을 성공적으로 활용하지는 못한다. 하지만 기업가라면 누구나 베니오프의 허세를 어느 정도 빌려 쓸 수는 있을 것이다. 현실 세계와 대결하려면 약간의 허세가 필요할 때도 있으니 말이다.

START
WITH
ST$RY

제13장

당신의 이야기는
당신의 것이다

이야기를 연습했고 실전 상황에서 당신의 창조물을 전 세계와 공유할 준비가 된 지금, 당신에게 남겨주고 싶은 몇 가지 이야기가 더 있다.

첫째, 나는 이렇게 말하고 싶다. 지금 현재를 의심하는 것은 정상이다. 당신은 이렇게 생각하는 중일 수도 있다. 내 이야기가 정말로 그렇게 특별할까? 이 책에서 말하는 것처럼 그렇게 강력할까? 사람들이 정말로 내 이야기를 듣고 싶어 할까? 그리고 창업자로서 더 성공적으로 사업을 하도록 도와줄 수 있을까?

스토리텔링을 신봉해온 사람이지만 나 역시도 때때로 의문과 마주한다. 이 모든 이야기 작업이 과연 가치가 있는지 궁금해 하는 스스로를 발견할 때마다 나는 작가이자 브랜드 분석가인 조슈아 글랜Joshua Glenn과 《뉴욕 타임스》 기고가인 롭 워커Rob Walker가 시행했던 '의미 있는 대상Significant Objects'이라고 불리는 한 소규모 실험을 떠올린다. 그들은 이런 가설을 세웠다.

"서사는 의미 없는 대상을 의미 있는 대상으로 바꿔놓는다."

그들은 "이야기는 감정적인 가치를 유발하는 너무나 강력한 동인이기 때문에 어떤 주어진 대상의 주관적 가치에 이야기가 미치는 영향은 객관적으로 측정이 가능하다"고 믿었다.[16] 그들은 이 믿음을 시험하기 위해 실험 하나를 창안했다. 실험의 아이디어는 재능 있는 작가에게 일상적인 물건에 대한 이야기를 창작하도록 하고 그 이야기가 그 대상에 가치를 부여하는지 살펴본다는 것이었다. 그들의 믿음은 이랬다. "우리의 가설에 따르면, 이 창작된 이야기로 중요성이 부여된 그 대상은 단순히 주관적이 아닌 객관적인 가치를 획득합니다. 어떻게 우리 이론을 시험하냐고요? 바로 이베이eBay를 통해서죠!"

그 이론을 증명하기 위해 그들은 중고물품 거래를 통해 총 가치가 128.74달러인 물건 100개를 구입했다. 그런 다음 작가들을 고용해 각 물건에 관한 가상의 짧은 이야기를 만들도록 했고, 그 물건들을 이베이에서 팔기로 했다. 이야기가 완성되자 그들은 가상의 이야기를 담은 물건들을 이베이에 올려놓았고, 그 이야기들이 순전히 가상이라는 조항도 덧붙였다. 그들은 이베이 고객들이 이것을 일종의 사기라고 느끼지 않도록 신경을 써야 했다. 그래서 그들은 이야기마다 저자 이름을 밝혀두었다. 이것이 물건에 얽힌 실제 이야기가 아니라는 걸 알도록 분명하게 밝힌 것이다. 판매가 끝나자 그들은 지어낸 이야기를 인쇄해서

'의미 있는 대상'과 함께 발송했다. 저자들은 자신이 만든 이야기에 관한 모든 권리를 보유하고 있었고 판매에서 나온 순수익은 각 저자에게 제공됐다. 다음은 그렇게 올린 한 물건에 대한 이야기의 일부분이다.

물품: 후추통

가격: 0.99달러

이베이 묘사 이야기:

릴리는 텅 빈 주방 선반의 열린 문 앞에 서서 망설였다. 선반 위에는 이 작은 집에 한때 살았던 누군가가 남기고 간 유일한 물건으로 보이는, 은빛이 도는 흰색 소금통만이 홀로 놓여 있었다. 릴리의 손가락은 뚜껑까지 펼쳐진 S자의 구멍 표시를 따라갔고, 그녀는 작은 송곳, 단호한 손, 망치의 끝부분을 상상했다. 그녀는 통을 흔들어봤지만 안에는 아무것도 남아 있지 않았다. 그녀가 뚜껑을 비틀기 시작했을 때, 금속성의 희미하게 긁히는 소리가 마치 일종의 경고처럼 그녀를 가로막았다. 그녀는 그 소금통을 다시 선반 위에 올려놓았다….[17]

이 이야기는 릴리가 소금통의 잃어버린 짝인 후추통을 찾기 위해 보트를 타고 여행을 떠나는 상상을 하는 내용으로 이어진다. 이 이야기는 우리를 완성시켜줄 누군가를 찾아서 이 세상의 균형을 모색한다는 주제를 다룬다. 후추통에 얽힌 이 이야기를 읽고 나면, 사람들은 모두 마음이 바빠졌다.

99센트짜리 후추통은 28달러에 팔렸다.

이 결과는 이야기의 영향력이 얼마나 강력한지를 보여준다.

프로젝트가 끝났을 때, 100개의 물건은 모두 합해서 3,612달러 51센트에 팔렸다. '가치 없어' 보이는 물건에 이야기를 더했더니 수익이 28배나 늘어난 것이다. 그들의 이론이 옳다는 것을 확인하기 위해 글랜과 워커는 몇 년 후에 이 연구를 반복했고 비슷한 결과를 얻었다. 이야기를 더하는 것이 가치를 증가시킨다는 그들의 가정은 다시 한 번 옳은 것으로 밝혀졌다. 이것이 내가 당신이 기업가의 길을 추구할 때 이야기의 힘을 활용할 수 있도록 돕고자 이 책을 쓴 이유다. 단언컨대 당신의 이야기는 당신에게 가치를 더해 줄 것이다.

💬 신봉자들을 찾아라

이 '의미 있는 대상' 실험은 내가 당신에게 전해주고 싶은 다음 이야기, 즉 적절한 청중을 찾아야 한다는 점을 잘 보여준다. 이베이가 그토록 성공적인 이유는 지구상에 그야말로 온갖 종류의 물건에 대한 수요가 존재한다는 사실을 이베이가 보여주고 있기 때문이다. 얼마나 이해하기 어려운 것이든 소중한 것이든 상관없이 말이다. 이베이에서는 사실상 무엇이든 팔 수 있다. 어떤 누군가가 그 물건을 적절한 가격으로 사길 원하기 때문이다. 이베이는 판매자가 자신의 물건을 원하는 소비자를 찾을 수 있도록 해준다.

창업자인 당신도 당신이 팔고자 하는 제품을 사고 싶어 하는 소비자를 찾아야 한다. 나는 모든 사람에게 자신의 아이디어나 제품을 홍보하려고 애쓰는 기업가들을 수없이 만났다. 그들은 자신이 팔고자 하는 것을 누구나 좋아할 거라고 믿지만, 삶과 현실은 그런 식으로 움직이지 않는다. 모든 사람이 이베이에서 후추통을 원하지 않듯 모든 사람이 당신이 팔고자 하는 것을 좋아하지는 않을 것이다.

그렇다면 당신이 할 일은 대중을 대상으로 내 아이디어나 제품을 사라고 설득하는 게 아니다. 당신을 거절하거나 믿지 않는 사람들은 언제나 있기 마련이고, 당신은 끊임없이 그런 사람들을 만날 것이다. 당신이 통제할 수 없는 이유들로 그들은 당신을 무시할 것이다. 당신이 누구이며 당신의 제품이나 서비스가 어떤 일을 할 수 있는지 신경 쓰지 않는다고 하면서 말이다. 어딜 가든 지적하는 것을 즐기는 사람들이 있다.

그보다는 당신이 파는 제품을 필요로 하는 사람들에게 초점을 맞춰라. 아이스티를 팔고 있다면 목이 마른 사람을 찾으라.

북극에서 얼음을 팔려고 애쓰지 말고, 사막에서 난로를 팔려고 노력하지 말라. 모든 사람의 뒤를 쫓으며 당신의 에너지와 감정을 낭비하지 말라. 그 대신 신봉자들에게 노력을 쏟으라. 당신이 하는 일을 응원하는 데 관심이 있는 사람들을 찾아서 그들의 뒤를 쫓으라. 그들이야말로 당신의 이야기에 가장 많이 공감할 사람들이다.

💬 이야기를 당신의 것으로 만들라

마지막으로, 이야기를 만드는 작업이 끝난 다음에 당신이 해야 할 가장 중요한 일이 있다. 바로 그 이야기를 완벽하게 '소유'하는 것이다.

우리 회사가 기획하고 제작해 결국 CNBC의 황금시간대 시리즈로 방영된 '아메리칸 메이드'라는 제목의 TV쇼를 개발하면서 존 폴 미첼 시스템스의 창업자인 존 폴 디조리아와 함께 사흘을 보냈을 때, 그 힘은 나에게 명확하게 다가왔다. 디조리아와 시간을 보내면서 얻은 깨달음이 너무나 심오해서 내가 기업가 스토리텔링을 가르치고 코칭하는 일에 있어서 그의 이야기는 기본적인 요소가 됐다. 그의 이야기는 다음과 같다.

노숙자에서 세계 100대 부자가 된 CEO

나는 2006년도에 처음으로 TV 파일럿 프로그램을 제작할 기회를 얻었다. 기업가들에 관한 한 시간 길이의 파일럿 프로그램을 만들려면 이 쇼의 시작에 힘을 실어줄 유명한 창업자를 찾아야 했다. 운이 좋게도 한 친구가 억만장자인 존 폴 디조리아를 우리에게 소개했고, 그는 파일럿 에피소드에 담을 수 있도록 3일 동안 자신의 삶을 찍어도 좋다고 허락했다. 물론 유명한 창업자를 섭외했다고 프로그램이 다 성공하는 것은 아니지만 디조리아에 관해서는 우리가 운이 좋았다. 그의 이야기는 미국 기업가들에게 꿈의 사례였고, 설득력 있는 그의 배경 이야기는 우리가 프로그램에 착수할 수 있도록 강력한 기반을 제공해 줬기 때문이다.

존 폴 디조리아의 부모님은 그가 두 살 때 이혼했다. 그는 로스앤젤레스에서 어머니와 함께 살면서 끊임없는 빈곤을 경험했다. 아홉 살 때부터 그는 가족의 생계를 위해 집집마다 다니면서 크리스마스카드를 판매하고 신문을 배달했다. 열두 살이 됐을 때는 그의 어머니가 더 이상 그를 부양할 수 없게 되어 위탁 가정과 LA 갱단을 전전하기도 했다. 어느 정도 나이가 들어서는 청소용품부터 백과사전까지 여러 제품을 방문판매 하면서 돈을 벌었다. 그는 많은 물품 중에서 미용용품이 가장 돈이 될 것 같다고 생각해 결국은 미용 산업에 자리를 잡았다.

그는 결국 영업직에서 성공을 거뒀다. 하지만 그의 성공은 다른 사람들의 시기와 질투를 불러왔고 결국 영업을 담당했던 서로 다른 세 곳의 회사에서 모두 해고를 당하고 말았다. 이런 어려운 시기 동안 그는 혼자서 세 살짜리 아들을 돌봤고, 때로는 차나 친구 집 소파에서 잠을 자는 노숙자 신세가 되기도 했다. 심지어는 몇몇 식당의 해피 아워 시간에 들어가 물만 주문하고, 그 식당의 무료 뷔페에서 몰래 허기를 채우기도 했다.

이 모든 어려움에도 불구하고 디조리아는 자신이 유능한 영업사원이며 멋진 아이디어를 가지고 있다는 믿음을 버리지 않았다. 결국 그는 약사였던 폴 미첼Paul Mitchell이라는 한 남자와 팀을 결성하기로 한다. 그들은 자신들이 가진 미용과 약에 관한 지식을 바탕으로 시장에 나와 있는 어떤 제품보다 더 좋고 편리한, 샴푸와 컨디셔너를 합친 제품을 함께 창안했다. 그들은 창업을 위해 50만 달러를 지원해줄 투자자를 찾았지만 마지막 순간에 그 투자자가 발을 빼버리면서 극심한 자금난에 시달렸다. 하지만 디조리아는 그 시점에 이미 여러 건의 계약을 한 상태였기에 창업을 포기할 수 없었다. 디조리아와 그의 파트너 미첼은 2주에서 30일 안에 돈을 갚겠다며 사람들을 설득했고, 마지막 남은 700달러를 끌어 모아 병 디자인을 하고 로고를 만들었다. 컬러 인쇄가 너무 비쌌기에 로고는 흑백으로 인쇄했다. 그렇게 자동차 트렁크에 완성된 제품을 싣고 미국 전역을 돌아다니면서 그들이 개발한 최초의 헤어케어 제품을 판매하기 시작했다.

첫 해에 그들은 100만 달러 이상을 벌었다. 오늘날 존 폴 미첼 시스템스라고 불리는 그들의 회사는 가치가 10억 달러가 넘으며, 전 세계에서 가장 유명한 헤어케어 브랜드 중 하나가 됐다. 그리고 흑백으로 구성된 컬러는 산업 내에서 상징적인 그들의 스타일로 자리 잡았다.

존 폴 디조리아의 이야기를 들은 3일 동안 나는 그의 인생 이야기에 매료됐다. 하지만 그보다도 대체 무엇이 자기 이야기를 하는 디조리아를 그토록 설득력 있게 만드는지 알고 싶었다. 그는 하워드 슐츠처럼 유창한 달변가가 아니었고, 스콧 해리슨처럼 감정적인 호소도 하지 않았고, 토니 로빈스처럼 카리스마로 무장한 이야기꾼도 아니었다.

존 폴 디조리아에게는 다른 무언가가 있었다.

그것은 내가 전에도 몇 번 봤지만 결코 꼭 집어서 말할 수 없는 것이었다. 다른 성공적인 기업가들이 자신의 이야기를 할 때는 그들이 가진 능력들 때문에 그 점이 명확히 보이지 않았다. 그들은 위대한 웅변가였거나 자기 이야기를 너무도 잘했기 때문에 사람들의 마음을 사로잡았다. 하지만 디조리아가 강한 흥미를 불러일으키는 이유는 다른 데 있었다.

디조리아는 자기 이야기를 진정 '자기 것'으로 만들었던 것이다. 그것이 그를 그토록 설득력 있는 사람으로 만든 비결이었다. 누구도 의심하지 않는, 그가 단순히 훌륭한 영업맨이라는 사실을 넘어서는 것이었다. 그는 진심으로 자신이 하는 말을 믿었다.

내 주변에는 자신의 제품을 판매하는 사람들이 엄청나게 많았지만 존 폴 디조리아는 확실히 그들과는 차원이 달랐다. 그는 마지못해 제품을 들고 다니지도 않았고, 그 제품이 얼마나 좋은지 허풍을 떨지도 않았다. 그에게는 확신이 있었다. 그는 한 치의 주저함도 없이 자신의 제품이 당신의 삶을 더 좋게 만들어줄 것임을 정직하게 믿었다. 존 폴 디조리아가 자신이 만든 샴푸에 대해 이야기할 때, 그는 당신이 손에 덜어낸 약간의 샴푸가 머릿결을 더 좋아보이게 하고 관리하기도 더 쉽게 만들기 때문에 당신의 삶이 개선될 거라고 믿었다. 아름다운 패트론에 담긴 테킬라에 대해 이야기할 때, 그는 멕시코 전체에서 가장 고급스럽고 품질이 좋은 테킬라를 마시기 때문에 당신이 삶을 최대한 즐기고 있으며 그 삶이 더 좋아질 거라고 믿었다.

그가 거리에서 자랐기 때문에 천부적인 연설가가 아니라거나 영업에 더 뛰어나기 때문에 위대한 스토리텔러가 아니라는 사실은 중요하지 않았다. 그는 진실로 자신의 제품이 당신의 삶을 개선하고, 당신의 문제들을 해결하고, 모든 것을 더 좋게 만들 거라고 믿었다. 그는 완벽한 확신을 가지고 이야기를 완전히 자기 것으로 만들었다. 그런 그의 진정성을 본 사람들은 자연스럽게 그의 제품을 사고, 그가 하는 일에 참여했다.

기업가로서 당신도 같은 방식으로 이야기에 접근해야 한다. 사람들이 어떤 행동을 하도록 만들고 싶다면 당신은 완전한 확신을 가지고 당신의 이야기를 '소유'해야 한다. 당신이 이야기를 소유하지 않는다면 어느 누구도 그렇게 하지 않을 것이다. 확신과 믿음에는 진정으로 전염성이 있다. 당신이 존중과 열의, 열정을 가지고 이야기를 할 때 사람들은 말하기 시작할 것이다. "그 사람이 하는 일이 뭔지는 잘 모르지만, 그게 무엇이든 나도 그걸 원해!"

이제 당신은 모든 준비를 끝마쳤다. 이제는 당신의 이야기를 시작해야 할 때다.

마치며

기업가와 회사들을 대상으로 강연을 시작했을 때, 나는 내 강연이 끝난 후에도 청중의 머릿속에 남을 만한 강력한 인용문을 찾곤 했다. 나는 그들에게 하나의 이야기가 줄 수 있는 오래 가는 영향력에 대해 인식시키고 싶었다. 내가 가장 많이 인용하는 문장은 다음의 인디언 속담이다.

사실을 말해주면 나는 배울 것이다. 진실을 말하면 나는 믿을 것이다. 하지만 나에게 이야기를 해준다면 그것은 내 마음속에서 영원히 살게 될 것이다.

나는 바로 똑같은 이유로 이 문장을 당신과 공유하고자 한다. 수천 번까지는 아니라도 내가 수백 번을 배우고 경험한 바, 위대한 이야기는 인간의 영혼 가장 깊은 곳을 건드리며 마음에 지워지지 않는 표식을 남긴다. 우리 모두는 살아오면서 들었던 이야기들을 기억한다. 앞으로 다가올 세월 속에서도 우리의 기억 속에는 이야기가 깊게 새겨져 있을 것이다.

기업가로서 당신이 가진 고유한 것은 창업으로 이어지게 만든 진심 어린 인생 경험이다. 당신은 지금까지 영향력이 크고 오래도록 기억될 뿐만 아니라 창업자인 당신이 필요한 것을 얻도록 해줄 이야기 만드는 법을 배웠다. 창업자인 당신은 스타트업이 출범하는 시점부터 회사의 전 생애와 그 이후까지, 믿을 수 없을 정도로 다양한 상황과 환경 속에서 당신의 이야기를 꺼낼 기회를 끝없이 만나게 될 것이다. 참석하는 모든 네트워킹 행사에서, 당신이 하게 될 모든 피치 중에, 당신이 보내게 될 모든 이메일에서 당신의 이야기를 공유해야 할 순간이 주어질 것이다. 그리고 그것이 30초짜리건 3분짜리건 30분짜리건 이런 순간들을 어떻게 관리하는지가 당신 회사의 성공을 결정짓는 중심축이 될 수 있다. 언제, 어떻게 이런 중요한 순간이 올지 결코 알 수 없기 때문에 당신은 가능한 한 '최고의 창업자 이야기'를 보유하고 있어야 한다. 이 책에서 다룬 모든 것, 당신이 이제까지 해온 모든 연습들은 이런 순간들을 위한 것이다. 이제 그것들을 끌어안으라.

기업가로서 당신은 다른 사람들의 삶을 바꿔놓게 될 비전에 헌신하겠다는 선택을 했다. 당신에게는 무엇인가를 하겠다는 확고한 욕망이 있고, 당신의 이야기가 그것을 멋지게 밝혀주기를 바란다. 따라서 앞서 13개의 장을 통해 배운 모든 것을 활용하면서 소름이 돋았던 모든 경험, 깨달음의 순간, 속이 뒤틀리던 기억들을 신중하게 검토해보라. 이야기라는 당신의 스위스 군용 칼은 창업가로서 당신이 직면할 거의 모든 결정적인 상황에서 활용 가능한 지렛대가 되어줄 것이다. 이야기는 당신과 당신의 제품이 가진 독창성을 보여주는 한편, 당신이 원하는 방향으로 상대방이 행동을 취하도록 감정적인 다리를 만들어줄 것이다. 그리고 나아가 상대방의 마음속에 영원한 표식을 남길 것이다.

지금, 당신만의 이야기를 만들어라. 그리고 그것을 소유하라. 당신의 이야기는 이제 막 시작됐다.

미주

1 Alexander G. Huth et al., "Natural Speech Reveals the Semantic Maps That Tile Human Cerebral Cortex," Nature 532 (2016): 453–58, https://www.nature.com/articles/nature17637; J. González et al., "Reading Cinnamon Activates Olfactory Brain Regions," Neoroimage 32, no. 2 (2006): 906–12, https://www.ncbi.nlm.nih.gov/pubmed/16651007.

2 G. H. Bower and M. C. Clark, "Narrative Stories as Mediators for Serial Learning," Psychonomic Science 14 (1969): 181–82.

3 Giorgio Coricelli, "Two-Levels of Mental States Attribution: From Automaticity to Voluntariness," Neuropsychologia 43, no. 2 (2005): 294–300.

4 Christopher J. Honey et al., "Not Lost in Translation: Neural Responses Shared across Languages," Journal of Neuroscience 32, no. 44 (2012): 15277–83.

5 Gregory S. Berns et al., "Predictability Modulates Human Brain Response to Reward," Journal of Neuroscience 21, no. 8 (2001): 2793–98, DOI: https://doi.org/10.1523/JNEUROSCI.21-08-02793.2001.

6 Jaap M. J. Murre and Joeri Dros, "Replication and Analysis of Ebbinghaus' Forgetting Curve," PLOS One 10, no. 7 (2015), DOI: 10.1371/journal.pone.0120644.

7 Nathan Novemsky et al., "Preference Fluency in Choice," Journal of Marketing Research XLIV(2007): 347–56.

8 Global Brand Simplicity Index 2017, accessed November 10, 2018, http://simplicityindex.com.

9 Florin Dolcos, Kevin LaBar, and Roberto Cabeza, "Interaction between the Amygdala and the Medial Temporal Lobe Memory System Predicts Better Memory for Emotional Events," Neuron 42, no. 5 (2004): 855–63.

10   Russell Poldrack, "Novelty and Testing: When the Brain Learns and Why It Forgets," Nieman Reports (Summer 2010), http://niemanreports.org/articles/novelty-and-testing-when-the-brain-learns-and-why-it-forgets/.

11   Poldrack, "Novelty and Testing."

12   Derek Sivers, "Derek Sivers Interviews Tim Ferriss," August 2008, https://sivers.org/2008-08-tim-ferriss.

13   Media Dynamics Inc., "America's Media Usage Trends & Ad Exposure: 1945–2014," September 22, 2014, https://www.mediadynamicsinc.com/uploads/files/PR092214-Note-only-150-Ads-2mk.pdf.

14   Helen J. Huang, Rodger Kram, and Alaa A. Ahmed, "Reduction of Metabolic Cost during Motor Learning of Arm Reaching Dynamics," Journal of Neuroscience 32, no. 6 (2012): 2182–90, DOI: https://doi.org/10.1523/JNEUROSCI.4003-11.2012.

15   Marc Benioff and Carlye Adler, Behind the Cloud: The Untold Story of How Salesforce.com Went from Idea to Billion-Dollar Company-and Revolutionized an Industry (San Francisco: Jossey-Bass, 2009).

16   "About the Significant Objects Project," Significant Objects, accessed November 12, 2018, http://significantobjects.com/about/.

17   Philip Graham, "Pepper Shaker," Significant Objects, January 14, 2010, http://significantobjects.com/2010/01/14/pepper-shaker/.

옮긴이 **이희령**

이화여자대학교 영문과를 졸업하고 서강대학교와 미국 워싱턴대학교에서 경영학과 법학을 공부했다. 국내 및 미국 기업에서 다양한 국제 거래, 경영 컨설팅 업무를 했으며 현재는 글밥 아카데미를 수료하고 바른번역 소속 번역가로 활동 중이다. 옮긴 책으로는 《세계미래보고서 2020》, 《하버드 비즈니스 리뷰 경영 인사이트 BEST 11》, 《일자리 혁명 2030》 등이 있다.

스토리를 돈으로 바꾸는 방법

스토리셀링

초판 1쇄 인쇄 2021년 2월 9일
초판 1쇄 발행 2021년 2월 22일

지은이 린 크래프트
옮긴이 이희령
펴낸이 김선준

편집2팀 임나리 배윤주
마케팅 권두리, 원숙영, 조아란, 오창록, 유채원, 김지윤, 유준상
경영관리 송현주
디자인 강수진
외주편집 최진

펴낸곳 포레스트북스 **출판등록** 2017년 9월 15일 제 2017-000326호
주소 서울시 영등포구 국제금융로2길 37 에스트레뉴 1304호
전화 02) 332-5855 **팩스** 02) 332-5856
홈페이지 www.forestbooks.co.kr **이메일** forest@forestbooks.co.kr
종이 (주)월드페이퍼 **출력·인쇄·후가공·제본** (주)현문인쇄

ISBN 979-11-91347-03-6 03320

포레스트북스(FORESTBOOKS)는 독자 여러분의 책에 관한 아이디어와 원고 투고를 기다리고 있습니다. 책 출간을 원하시는 분은 이메일 writer@forestbooks.co.kr로 간단한 개요와 취지, 연락처 등을 보내주세요. '독자의 꿈이 이뤄지는 숲, 포레스트북스'에서 작가의 꿈을 이루세요.